神社の神さまに会える
と幸せになれる
下巻（縁結びの巻）

運命カウンセラー　丸井章夫

はじめに

本書を手にとっていただきありがとうございます。

「誰しも素晴らしい恋人や伴侶に恵まれたい！」

これは長年、運命鑑定をしてきて感じ入ることです。

それを叶えるために人はさまざまな努力をします。いわゆるネット婚活もそうでしょうし、趣味を通じた交流もそうでしょうし方法論は幾多あることでしょう。

私も多くの皆さんに「縁結び」に関する開運法をお伝えしてきました。

「ノートに願望を書く」「吉方位旅行に行く」の２つについてはそれこそ長年に渡ってお伝えしてきました。

ただ、もうひとつ、とっておきの方法はあるんです！

それが本書でお伝えする「縁結びの神社の神さまに行くこと」です。

奇跡を起こす縁結びに強い神社は確実に存在しているのです。恋愛・結婚・仕事の縁結び、金運の縁結び・・・。それをあなたに叶えてもらいたいので本書を執筆しました。

我が国日本にはもちろん全国各地に縁結びのパワースポットがあります。

そのほとんどが縁結びで有名な神社であることを考えますと、やはりその神社のご神力は素晴らしく、子々孫々まで語り継いでいかなくてはならないと思いを強くするのです。

私は幸い、人生の相談を直接三十年近くに渡り行ってきて、縁結びについてさまざまな情報を持ち得ることが出来ました。それは全てご縁のあるみなさんのおかげであり、その大切なお話をこの書籍で今度は読者のあなたに知っていただきたいと思ったのです。


一番書きたいことは、縁結びは必ず実現できるということです。

そして、全国のどこにいても神社の神さまにつながることができて、会うことが出来て幸せになれるということ。

どうしてそんなことを声高に言いたいのか・・・これは私が東北の秋田出身ということが手伝っているかも知れません。どんなにすごい神社を紹介しても、それは行かないと叶わないという内容の本には決してしたくなかったのです。

なぜなら、東京に住んでいればそのような願望を叶えてくれる素晴しい神社に巡り会えてその方たちだけが幸せになれるというのは不公平だと思うからです。

もちろん、都内の皆さんは沢山の有名な神社がそれこそきら星のごとくあるので、幸せになれるチャンスは多いので、是非、大いに幸せになっていただきたいのですよ。

ただ、地方の高校生までの私のようにそもそも書籍に出てくるような神社が存在しないという地域に住んでいる方がそのような神社がないがために開運できないというのは非常に残念というしかないわけです。

だからこそ、私は全国どこに住んでいても神社の神さまを通じて、すごく幸せになれる方法を提示しようと考えたのでした。

まず、全国どこに住んでいても神社の神さまに会える方法をお伝えしたいと思いました。

しかし、どこの神社に行っても、神さまがきちんと常に在住していて、この本を読んでいるあなたに会ってくれるかは微妙・・・というのは絶対に私は嫌なんです。

「絶対に確実に、素晴しい神社の神さまに会って、開運してほしい！」

これが私の偽らざる願いなのです。

それでは絶対に確実な神社をどのように紹介するべきか—。ここは非常に悩みました。なにしろ、日本には数万社も神社が存在するからです。

その神社の全てをリーディングで審神を行って、神社の神さまがそこにいるか確認すれば良いのでしょうが、それは時間的にも現実的ではありません。

そこで神社ネットワークを上手に活用してもらうことを提示しようと考えました。それはいわゆる素晴しい各神社の総本山の神社を紹介して、その神社から全国に勧請された神社を紹介することで可能になります。

もちろん、縁結びで非常に効果がある神社に絞って紹介していきます。

私は神社が幼少の頃から大好きで神社参拝歴は30年以上になります。そんな中、一般には知られない功徳を知ったり意外な体験を多くしてきました。

読者の皆様の幸せを引き寄せるために本書が少しでもお役に立てれば幸いです。

令和二年十二月　丸井章夫

神社の神さまに会えると幸せになれる・下（縁結びの巻）　目次

第1章　恋愛・結婚の縁結びのすごい神社

第2章　お金持ち＆商売繁盛のご縁を結ぶ

第3章　仕事のご縁を結ぶすごい神社

第4章　総本山の神社の神さま

第5章　神棚とお札の力

第6章　神社の神さまに会う前の心構え

第7章　誰でも幸運体質になれる

第1章
恋愛・結婚の縁結びのすごい神社

恋愛・結婚の縁結びを実現する赤い糸

赤い糸の伝説は中国発でアジアに伝えられ広まっている人と人を結ぶ伝説です。

中国では李復言の書いた故事の「続幽怪録」に出てくる足首に結ぶ赤い縄が由来とされています。

唐の時代、韋固という男がいました。

旅の途中で宿を探している最中にとても不思議な老人と出会ったのです。

その老人はなぜか大きな袋を横に置き読書をしていたそうです。

韋固は袋の中身がとても気になって老人に見せてもらうとなぜか中には赤い縄が入っていました。

そして老人はおもむろに言いました。

「この赤い縄を男女の足首に結ぶと、たとえどんなに遠くに生まれて、育った環境が違うとて二人は必ず結婚する運命になる」と教えたのです。

韋固は独り身だったので興味が湧き、自分の未来の妻がどこに住んでいるのかを老人に尋ねると、この町で野菜を売っている老婆の家にいる三歳の赤子であると断言しました。にわかに信じられない話を耳にした韋固は年月を経て、それから十四年後に結婚した相手こそ老人の言っていた女性だったのです。

この逸話から未来に結婚する相手は既に赤い糸で結ばれていて、その運命は最初から決定しているのだと伝えられています。

この不思議な話が広まっていくうちに結ぶ場所が、足首から小指に変わっていったと言われています。

実は赤い糸とはあなたとご縁がある異性と結ばれています。

その数はどれぐらいあるのか、目に見えないので数えることはできませんが、生涯で三十本ほどあると聞いたことがあります。

余談ですが、手相家としての見解を述べさせていただくと、結婚する可能性があるのはその中でも一〜四人ほどです。もちろん例外もありますが。

さて、この章では恋愛・結婚の縁結びができる神社を紹介していきます。

あなたの住んでいる地域に掲載の神社があることを願っています。

運命の赤い糸をたぐり寄せる宝満宮竈門神社（福岡）

人気漫画「鬼滅の刃」の大ヒットには私は神霊的な意味が隠されていると感じています。

様々な密意がありますがそのうちのひとつが、私たち現代人が「縁を大切にすること」―。

主人公の竈門炭治郎の苗字と一緒の名称の神社として一躍有名になった福岡県太宰府市の宝満宮竈門神社。

鬼滅の刃の聖地と呼ばれていて全国から鬼滅ファンが殺到しているこの神社は実は「縁結びの聖地」としても古来から大いなる力を発揮してきました。**運命的な赤い糸をたぐり寄せる功徳**です。

神功皇后が朝鮮出兵の際に再び再会しようと願って植えた「再会の木」がある竈門神社は、**生まれ変わってもまた運命の人に再会できるきっかけをつくる神社**とも語られます。

この竈門神社のご祭神は玉依姫命です。

この宝満山は山岳信仰のメッカであり、最澄や空海が祈りを捧げた山としても知られ強力なパワースポットでもあります。

この木に好きな人との再会や、縁結びを祈れば、願いが叶うと信じられています。

九州には気の良い神社が多いのですが、この神社に参拝するとその瞬間に空気が変わるような体感があります。

お客様の声では私にこのようなメールも届いています。

「以前から心を寄せていた人とおつきあいすることになりました。私の周囲でもこの神社に行ってから恋愛が始まる人がすごく多いです」（大分県在住Ｏさん）

太宰府天満宮から車でそう遠くない距離ですので、勉強と恋愛運アップを望んでいる方にはセットで参拝されることを強くお勧めします。奇跡が起きる神社として有名です。

石神さんは女性のお願いを叶える（三重）

三重県鳥羽市相差町にある神明神社は通称、「石神さん」と言われ女性のお願い事を必ず一つは叶えてくれると評判の神社です。

実際に私の鑑定のお客さんもここで願い事を紙に書いてお願いしたことが叶ったとの報告が山のようにあり非常にご利益があります。

それでは二例、紹介します。

「鳥羽相差にある女性の願いを一つは叶えてくれると言われている石神さんに参拝をしたら、一ヶ月後に今お付き合いしている彼と出逢うことができました。

その際、友達に頼まれて御守りをお土産に渡し

たところ、ずっと不妊治療を続けていてなかなか子宝に恵まれず大変だったのに、半年後にご懐妊！

友達もご利益あったと大変感謝されました。石神さんはすごいです。

余談ですが、先月、石神さんに行くことになり、それを決めた頃に、その時御懐妊になった友達が二人目を御懐妊。なんだか不思議な現象です笑」（名古屋市　さん）

「三重県相差の石神さん。女性のお願い事を叶えてくれる神社。**こちらでお願いしたら、夫と出会いました。（紙にお願い事を書くのですが、具体的に書きました。）出会って７ヶ月で入籍しました。**」（愛知県在住Ｓさん）

またこの神社では自分の願い事を神に書いて奉納するしきたりになっていて、しっかりと書いてからお願いするようにしてください。

有名人や芸能人も多数お忍びで参拝されていて知る人ぞ知るという女性に人気の神社になっています。なお、男性が参拝しても効果があるのかは確認中で明らかに男性にも効果があると判明した場合には私のメルマガやブログでお知らせしたいと思います。

関東での強力な縁結びが期待できる川越氷川神社（埼玉）

埼玉県川越市にある全国的に縁結びで有名な神社ですが私の関東のお客さんから、「縁結びの章にはこの川越氷川神社だけは掲載してください」という声を沢山頂きました。

川越氷川神社には五柱の神々がまつられています。

主祭神は氷川神社ならではの素盞嗚尊（すさのおのみこと）。ほかに、脚摩乳命（あしなづちのみこと）と手摩乳命（てなづちのみこと）の夫婦の神さまが続き、その娘であり、素盞嗚尊の奥様の神でもある奇稲田姫命（くしいなだひめのみこと）。そして、素盞嗚尊と奇稲田姫命の子孫あるいは子どもともいわれる、出雲大社の縁結びの神様としても知られる大己貴命（おおなむちのみこと）の五柱の神さまです。

これらの五柱の神々は家族であり家庭円満、二組の夫婦の神さまをご祭神にしているので夫婦円満・縁結びの神様として信仰されています。

有名な縁結び玉は毎朝６時から限定２０名で配布され、それよりも前に多数の並ぶ方たちを見ます。（実際の配布は朝８時から）

普通のおみくじでない釣り方式の鯛のおみくじや、夏の期間限定の縁結び風鈴など趣向を凝らしている神社です。

私のお客さまのお話を総合的に聞いてみると、**川越氷川神社で参拝を続けると異性の引き寄せを加速させる功徳**があります。

実は基本的に念力が強い人が勝負に勝ちます。念力が強いイコール意志、想念が強く執着できるからです。あっさりしている人は念力の強い人に敵わないのです。

もちろん、恋は駆け引きという側面もありますので、様々な魅力がないとダメなんですけれども単純に相手を引き寄せるというだけであれば、念力が強かったら引き寄せられることになります。

それで念力を強くするのに効果的なことがこの神社でお祈りすることです。その願望へのこだわりを強くすることができるのです。

個人的にもこの神社の真摯な対応が好きで関東の皆さんに強くお勧めしています。

即効性の高い縁結びを行う地主神社（京都）

地主神社は京都市東山区にある神社で清水寺に隣接している縁結びで大変有名な神社です。

私のお客さんにも誉れが高いほど評判である意味、私のコミュニティでも伝説的な神社にもなっています。

それではなぜ地主神社の神さまがそこまで素晴らしい縁結びを行ってくれるのか、どこまでお伝えするか例があり過ぎて非常に悩ましい。

しかし、即効性が高い、つまり、お願いをしたら早い時期に結果が出ている方が多いのは特筆すべき事柄だと考えています。

この神社は古代より縁結びに関する波動を帯びた神社で縄文時代より伝わる「恋占いの石」があり、古い文献にも度々、縁結びの効力が素晴らしいと出てきます。

現代においては、地主神社の縁結び特別祈願は結ばれたい人がいる場合、もしくは恋人が欲しい、結婚したい方にとって非常にありがたい祈願です。

神社のサイトにはこのような記述があります。

「私たちが幸せな一生を送るためにもっとも大切なもの。それは人と人との出逢い、すなわち「縁」です。

縁むすびの神さま京都地主神社では、幸せな人生を歩もうとなさる方々のために、神さまからご利益を授かり良縁を導く「縁むすび特別祈願」を毎日行っています。

神官が皆さまに代わって神様に毎日ご祈願申し上げます。」

この**縁結び特別祈願は一カ年祈願、一ヶ月祈願、一週間祈願と三種類ある**ので、お好みで申し込まれると良いと思い私もお勧めする次第です。

代理祈願もあり神社側の心配りも素晴らしいと感じています。

また、神社のホームページには「赤い糸メッセージ」というページがあり、地主神社にお願いをして願望が叶った実際の声が定期的にまとめられており必見です。

私のお客さんからは最近このようなメールが届いていました。

「今年の4月に、彼と別れてしまい、縁結びの「地主神社と貴船神社」に行ったら、復縁しました。思えば、わたしは神様にお願いをすると、いつも叶えてくれていたことに最近気づきました！神様って、ホントに凄いって思っていたところです。」

（名古屋市在住　Kさん）

Kさんは京都の貴船神社も縁結びに霊験あらたかですのでこの2社に行き、その神社の神さまにお会いできたのではないかと思います。

縁切りするなら安井金比羅宮（京都）

恋愛や縁結びで縁切りの神社を紹介するのは現状、縁を切りたいけれど切れずにいて次のステップに行けない方が私の鑑定でもかなりいらっしゃるからなんです。

中には長年、夫や恋人のＤＶで心が麻痺してしまい、なぜか離れられない方もいらっしゃいます。

そういった時に格別の功徳を与えてキレイさっぱり別れさせてくれるのが、縁切りで有名な京都の安井金比羅宮です。

京都は東山の山麓に鎮座していて、近くには清水寺や八坂神社、円山公園といった神社仏閣・名所や史跡が数多くあります。

金比羅宮といえば総本山は香川県にあり、その主祭神である大物主神を祀る神社であり、日本全国に存在しています。

この安井金比羅宮は京都駅から市バスで「東山安井」下車、南へ徒歩１分あるいは京阪本線「祇園四条」駅から徒歩十分、阪急京都線「河原町」駅から徒歩十五分ほどでアクセス可能です。

こちらの縁切り縁結び碑で是非、縁切りや縁結びのお願いをしてみてください。

グーグルの口コミは現時点で四千近くあり、その口コミを読むだけでもどれだけすごい縁切りが出来ているかが分かります。

私の友人であり鑑定のお客さんでもあるHさんよりこんなお便りがありました。
「人生でも五指に入るのではないか?というトンデモない女性に会い、もうコイツと接点持ったり、関わってたら自分の人生メチャクチャになるぞ!という危機感から、縁

切りと縁結びで有名な京都の安井金毘羅まで行き、お願いですから！もうスッパリ○○さんと縁が切れ、その後、良縁に恵まれますように！と祈ってきたのです。

すると、３ヶ月も経たない間にキッパリとホントに縁が切れました。

それから数年経ちますけど、もう何の接点もなく、無事に過ごしております。

流石にここまで自分でもビックリするケースはそうそうないので、今回この体験を送りいたしました。」（愛知県　Hさん）

Hさん、安井金毘羅宮に参拝できて本当に良かったですね！なお、ストーカー対策にも格別の効果があるそうです。

縁結び系で特別に効果を発揮する神社とは

出雲大社については前著「超絶で願いが叶ったすごい神社」で本社、分院の詳細を掲載しました。

縁結びの総合ビタミン剤と言えば、出雲大社なのです。

縁結びについては総合ビタミン剤オンリーの処方箋だけでいいのでしょうか？という読者の方もいらっしゃることでしょう。

実に鋭い意見と言って良いでしょう。

表現力を豊かにして恋愛をしたいという方もいらっしゃることでしょう。

私も４万人もの鑑定を行ってきて、「もう少し、表現力があったらもっと魅力的になっておモテになるのに・・・」と思うお客さまは意外にもかなりの割合にのぼります。

ルックスについて抜群であっても、どうもよそよそしく異性から見たら声がかけづらいという方もいらっしゃるものです。

そうです。「気の利いた言葉を発することができる」と表現力を高めるともっと魅力的になれるのです。

それでは、「気の利いた言葉を発することができる」神社の神さまはどこにいらっしゃるのでしょうか？

ズバリ、住吉大社（住吉神社）です。

住吉神社は福岡県。上巻に書きました通りに福岡県は海王星の波動を強く写している地域でした。

海王星は芸能の星の波動、つまり魅力的な人になれる波動を強く出している星なのです。

住吉の神さまは、表筒男命（うわつつのおのみこと）、中筒男命（なかつつのおのみこと）、底筒男命（そこつつのおのみこと）の住吉三神でいわゆる言霊の神さま。

関西の皆さんが非常にユーモラスで言葉巧みなのは大阪の住吉大社にご縁が深い方が多いから。

吉本新喜劇に在籍している芸人の方達の魅力は主に住吉大社からの強い言霊の影響力があると喝破して正しいのです。

言葉が上手で気の利いたことが言えるようになるといえば、住吉大社の功徳が分かりやすく伝えられるでしょうか。

そういう意味で、自分で表現力が今ひとつだなぁ・・・と思う方は真っ先にこの住吉神社に行って、住吉の神さまに出会うのが良いのです。

また、異性から見た場合に見た目の美しさ、雰囲気の良さというのも当然のことながら、とても重要です。

見た目が普通でルックス的により**魅力度アップを望むのであれば、富士浅間大社**です。

浅間神社の浅間は火山を意味しています。総本宮は富士山本宮大社で祭神は木花開耶姫命（このはなさくやひめのみこと）です。

以前、私が主宰している起業力養成講座の参加メンバーで、懇親会の時に私がリーディングをして冨士浅間大社にご縁が深い女性がいました。

そこで早速、冨士浅間大社に参拝を勧めたところ、素直な方でしたので、それから程なくして神社に参拝してきたのでした。

その起業力養成講座は当時、月に一度でしたから、メンバーに会うのも月に一度。

そして、懇親会の終わった翌月に一同集まったときに、驚嘆の声が上がったのですそうです。

そのメンバーがキラキラオーラでまるで別人のようになっていたからです。

講師の私から見てもそれは明らかな違いがありました。周囲もその変化に驚いて歓声を上げたほどです。

元々は私はなぜこの冨士浅間大社の功徳を知っていたかと言えば、大学在籍時のサークル活動にありました。

私が在籍したサークルはいわゆる何でも楽しいことを行うサークルでした。

旅行に行ったり海に行ったりスキーに行ったりとごくごく普通の大学生が行うことをみんなで集まっていくというサークルでした。

そのサークルに可愛い女の子が増えると嬉しいなという同学年の男性陣の質問から私が神社参拝でつかみつつあった富士浅間大社の功徳を頂きに行こうということで試したのがきっかけでした。

確かにその神社参拝は功を奏して、可愛いと思われる女子が次々に入ってきたことを思い出すものです。

これから婚活を始めたい方や、ごく最近、失恋してしまって新しい恋人の出現を心から願っている方にお勧めの神社といえば、出雲大社と八幡宮です。

出雲大社は島根県出雲市にあり私の住む名古屋から西の方角にあり、私の鑑定に訪れたお客様が西の方位になるときに三泊四日の吉方位旅行を勧めています。

実に百余名を超えるお客様が出雲大社への吉方位への旅行に行ったわけですが、西の吉地方方位効果はまさに恋愛成就、結婚成就ですので、ピタリその効果が出たわけです。

（通常、吉方位旅行に行くと行ってから一年以内に大変良いことが降り注ぎます）

そういった三泊四日の旅行だけでなく、時折、信じられない素晴らしい結果の報告を度々もらうようになり、これはどうしたものかという思いを持つようになったきっかけもこの縁結びの神さまと呼ばれる出雲大社で、なんと三泊四日未満でも結婚や妊娠をするというお客様が現れるのです。極端な例では一泊二日でそのあと、劇的な展開があり、幸せなゴールインに至ったケースもよくあるのです。

島根県ということで遠方の場所にあたる方が多いかもしれませんが、本気の恋愛・結婚を望んでいらっしゃる方には一度は参拝していただきたい神社のひとつです。

出雲大社に関しては鑑定のお客さまからも多数のお便りやメールを頂いています。

お二人紹介したいと思います。

「６年ほど前に何気に出雲大社(神様とか全く興味がなかったのですが、行くことになりまして)不思議と、まだ前の旦那さんと結婚しておりましたが、「わたしにとって必要な方とご縁を繋いでください」と、お願いしたところ、今は別れてしまいましたが、今でも毎月一度会う、魂の友のような彼と出会うこととなりました。」(愛知県在住Ｂさん)

「出雲大社に行くまではなかなか深い仲になれる人がいませんでした。出雲大社で参拝してから3ヶ月くらいで友達の紹介で急に仲が良い人が出来ました。全てにおいて理想のタイプで出雲大社にお願いして本当に良かったです」（北海道在住　Aさん）

八幡宮の神さまもお勧めです。

八幡宮の神さまのことは上巻では、火星パワーで戦いに勝利する神さまと書きましたが、それだけではないのです。

八幡宮は大分県の宇佐八幡宮を総本山として、神社の数では日本では最も多い二万五千社を誇ります。

あなたのお住まいのお近くの著名な八幡宮の神社に会いに行くのです。

そして、そこで具体的に自分の好みの異性、このような異性と恋愛したい、結婚したいと正直に申し上げるのが良いのです。

そうすることで、全国各地に存在する八幡宮の神さまネットワークの婚活部門の部署にエントリーをするのです。

その結果、八幡宮ネットワークの中で最もご縁があり、異性の好みも合う異性をあっと驚く方法で出会わせてくれたりもします。

そういう意味では結婚相談所のネットワークのような感じではあります。

また、**恋が成就してこれからも相手と永遠に仲良くしていきたい**カップルも多いでしょう。

その場合には2つお勧めの神社があります。

そのひとつが多賀大社への参拝です。滋賀県の多賀大社が総本社です。

伊邪那岐大神（いざなぎのおおかみ）・伊邪那美大神（いざなみのおおかみ）の2柱を祭神としています。

「古事記」によると、この二柱の大神は神代の昔に、初めて夫婦の道を始められ、日本の国土、続いて天照大神をはじめとする八百万の神々を産んだのでした。

その功徳はズバリ仲の良い二人を支えるもの。また周囲も温かく見守ってくれるようになるという功徳もあります。

ですから恋愛初期からいよいよという時には是非とも訪れたい神社の神さまなのです。

もうひとつは鹿島神宮で全国の鹿島神社です。

上巻ではタイミングの神さまの一柱として紹介しましたが、とにかく現況を維持するパワーはすさまじいものがあります。

ですので、良い恋愛をずっと維持したいカップルに特にお勧めの神社です。

多賀神社の場合は、二人の祝福パワーが増大していくのに対して、鹿島神宮の場合は、二人にとって障害になるものをことごとくはねのけるというパワー。

非常に力強いのでこれ以上に頼りなる神社の神さまもまれでしょう。

全国に六百社ほどで、全国的に見れば東北や関東に偏っているため参拝しにくい地域の方もいらっしゃるかもしれませんが、西は九州までありますので遠方でも行く価値は充分にあります。

第2章
お金持ち＆商売繁盛のご縁を結ぶすごい神社

商売繁盛の神社の神さまといえば恵比須神社

いわゆるエビスさまですね。関東では山手線の名称でも有名です。もともとはと言えば、恵比寿神社（東京都渋谷区恵比寿西）から山手線の名称がついたらしいのですが確かに恵比寿駅のすぐそばに神社がありますね。そもそも神社の周辺は発展する地域が多いものです。（恵比寿ガーデンプレイス内にも社殿があります）

関西ではエビス＝恵比須神社で商売の神さまを示します。年明け早々にある十日戎の「福男」は毎年必ずテレビで取り上げられることでも有名です。エビスさんは七福神の一柱ですが、日本土着の神さまとしては唯一で、いざなぎいざなみの神さまの子どもという位置づけです。

全国に恵比須神社は存在していますので是非、金運の縁結びをされてください。なお、十日えびすなどで熊手が販売されていますが、この熊手は神霊的にも非常に素晴らしい効果をもたらします。

私の鑑定のお客さまでこのような感想を送ってくれた方がいらっしゃいます。

「お久しぶりです。メルマガ拝見しました。

昨年、二の酉で目黒にある大鳥神社に行き、熊手と熊手の形をしたお守りを購入しました。

参拝もしたかったのですが、予想以上に参拝者が多く、冷え込んできた為、やむなく別の日にしようと、その日は帰宅しました。

今年に入り、春先、学校一斉休校要請以降、仕事が爆発的に忙しくなり、自粛も休業も関係無く、年末以上の仕事量になりました。（食品工場勤務です）

派遣社員でしたが、とにかく忙しいから来てくれの一言で、派遣切りとは何？と言う感じで、コロナ第１派終わる頃までバタバタでした。

コロナ禍で、参拝も出来ず、先日二の酉にまた大鳥神社へ行き、お詫びとお礼参りをしました。

またも熊手形のお守りと熊手を購入。昨年は二千円でしたが、今年は出店で見かけてピン！ときた、三千円のものにしました。

売り子さんに、「昨年ここで熊手を買ったら、春先コロナで大変だった時期にバタバタ忙しく仕事が出来た」と話したら、熊手に色々様々な千社札シールを貼った上で渡して

頂きました。（中略）
ともかく、来年どうなるか、とても楽しみです。」
このようなお便りが定期的に私に届きますので、**熊手は実際に効果がとてもある**と思っています。私も毎年、熱田神宮で新春に熊手を購入することが年明けの大切な行事になっています。

お金の綱渡りがなくなる功徳は三輪大社（奈良県）

さて、奈良県の三輪大社はここは特別に金運も上がります。経営者の方ですと資金繰りが良くなります。ご祭神の大物主大神は大国主神の幸魂（さきみたま）・奇魂（くしみたま）です。

以前ある懇親会で参加者をリーディングしたときに、前世が三輪大社に関係する人ばかりだったんです。

そして、そのうちの一人の男性の方が、前世で三輪大社の神主だったんです。

それで今世で経営者の方でしたので「行った方がいいですよ」と言ったら、すぐに参拝に行かれた。

そうしたら後日「三輪大社でご祈祷が終わった直後に電話がきて、大口の融資が通った」と報告をしてくれました。なにせ前世が三輪大社の神主さんだから、三輪大社の神様も分かりますよね。それでまたお礼参りに行かれたんです。

そしたら今度は新規事業の話が突然舞い込んできたということです。素晴らしいことですよね。実際にそういうことも奇跡を呼ぶ三輪大社ならあるんです。

また、会社の経営者向けの話をすれば、支店を出そうと思ったり、実際に支店を出した場合は必ず、その地域の一宮の神社の神さまにお会いしてください。

これを行うことで飛躍的に仕事が上手く運ぶようになります。

現在、特定の支店の売り上げが少ないと嘆く経営者の皆さん、今すぐに社員さんを連れてその地域の一宮の神社で正式参拝をされてください。驚くほど業績が上がります。

厳島神社は途方もない金運を与える神さま

宮島そのものが古代からの神の島であり神聖な場所。安芸の宮島はまさに絶景で私も訪れる度に、幾たび身が震えるような感動を味わったことでしょうか。

平家の隆盛をもたらした神社の神さまといえば広島の宮島にある厳島神社です。

推古天皇が即位の年（５９３年）に創建され、平清盛が宗像三神を勧請しました。

地位・権力・金運を与える神さまです。経済の神さまで特に経営者の方であれば遠方であっても必ず参拝したい神社のひとつです。

また大きなプロジェクトを抱える人物にも大きな推進力を与えます。

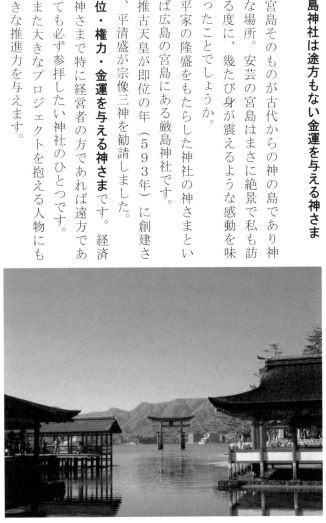

平家の隆盛のように途方もない成果を与えられる可能性がありますが、それに見合った実力を身に着けていくことが必須です。

個人投資家であった故・竹田和平氏の言葉が偲ばれます。

「奇跡を起こせるのはどういう会社かというと、これは常識ではないんです。世の中を幸せにしようという正しい目的があって、わくわく、楽しく、一所懸命やっていれば奇跡は起こるんです。（中略）ところが、その奇跡は管理するとなくなるんですね。個人の評価がどうだとか、報告書や領収書を出せとかなんとかばかり言っていると奇跡は消えるんです。天とつながるから奇跡は起こるわけで、人間とつながったら消えてしまう。」

ちなみに広島の野球ファンであればソフトバンクホークスのように広島カープにまた優勝をして欲しいと切に願いたいところですね。（ソフトバンクホークスは毎年、福岡県の筥崎宮で団体参拝をしていて常勝球団になっています。４年連続日本一は圧倒的な神力を受けてのことでしょう。）

末廣神社は資産家から大変評判が良い（東京）

それが東京都中央区日本橋人形町にある神社です。

末廣神社は、江戸時代の初期に吉原（当所葦原と称した）がこの地にあった当時その地主神、産土神として信仰されていたといい、明暦の大火で吉原が移転してからは、その跡地の難波町・住吉町・高砂町・新泉町の四ヶ所の氏神として信仰されたといいます。日本橋七福神の毘沙門天です。

中央区には素晴らしい神徳のある神社が多いのですが、私もこの末廣神社の大ファンです。

こちらの神社に参拝するようになってからマーキュリー出版が設立になったり、必要な人脈の皆さんに知り合ったり不思議な現象が続いています。

ご祭神は宇賀之美多摩命、武甕槌命（毘沙門天）です。

すごく小さな境内ですが、ものすごい功徳がありますのでお勧めします。

（すぐ近くの小網神社も金運招来の神社で有名で前著に記しました。）

第3章
仕事のご縁を結ぶすごい神社

仕事のご縁も神社の神さまに会うと開花する

仕事運は恋愛・結婚の縁結びと同様に誰しもが欲しい運と言えるでしょう。
「えっ、それ（仕事）もご縁があるの？」と思われた方もいらっしゃるかもしれません。

こんな経験をしたことがある方もいらっしゃるでしょう。

- ひょんなことで今の職業に就くことになった
- 隣に住んでいるおじさんの「手伝って」がもとでそれが仕事になった
- 親の紹介で気軽に勤めた会社であれよあれよと出世した

私は仕事の縁結びについては、どなたにも各地の一宮の神社の神さまに会いに行くことを強く勧めています。

なぜなら、あなたの住んでいる地域の仕事のご縁は、あなたの近くの一宮の神社の神さまにお願いすると好転するからです。

このようなシンプルなお話ですが、それを知らないで遠方の神社の神さまだけに会いに行ってもあまり効果がなかったりします。

もちろん、遠方の神社に行くこと自体の行動力は守護する存在が認めてくれますし何かの起爆剤にはなってくれると思いますが、**仕事関係は近くの一宮の神社の神さまがとても強いパワーを持っています。**

それはなぜか？

それは地域の一宮の神社の神さまは参拝するみなさんの願いを事細かにご存じだからです。

例えば、あなたが仕事で転職を具体的にお願いをした場合に「そういえば、ある会社の社長さんがこんな人材を欲しいって言っていたな」とまずはマッチングができるか神社の神さまも思うわけです。

神社の神さまの直下にはご眷属も沢山います。そのご眷属が願いを振り分けたりもします。いろいろと面白いシステムがあります。

抜群の神力がある神田明神（神田神社）

神田明神は東京はお茶の水駅から程なく到着する非常にアクセスの良い神社。

私が通っていた大学に近いということで、青春時代に最も多く参拝した愛すべき神社のひとつです。

東京で最も会社の初詣先に選ばれる神社のひとつでもあり、経営者ならずとも参拝したことがある関東在住の方も多いのではないでしょうか？

仕事運、金運で抜群の神力があり、崇敬者はその神力に舌を巻くほどです。

私の手相家のお弟子さんも熱心な神田明神ファンでこのようなメールを最近、もらいました。

「神田明神にお参りするようになってから十年くらい経ちます。

そのうち４回人事異動や転職しました。転職以外は自分からと言うより変化が訪れた感じがします。以前勤務していた会社からも近く、会社単位で祈願しているからかもしれませんが、仕事運のパワーをもらえる神社だと思います。」（東京都在住Ｍさん）

自分の才能を大きく開きたい場合は氷川神社

ご祭神は須佐之男命、稲田姫命、大己貴命の三神。

武蔵国（東京・埼玉）の荒川流域に集中して存在する氷川神社は埼玉県の氷川神社が総本社でもとの大宮という地名の由来です。

須佐之男命をはじめとした三神が出雲の家族神として祀られました。

須佐之男命、大己貴命ともに才能あふれる神さまで末社の宗像大社も巡るとなお仕事運が高まります。

この氷川神社は数多くのサイキックや霊能者系の人たちがパワースポットとして指摘する神社です。

その理由の一つとして私が考えるのは第１２代景行天皇の代に武蔵国造一族となったと伝えられる出雲系の氏族がこの地に移住したところにあるのではないかということです。古代の日本において出雲族と大和族が存在していて、出雲族は大変才能豊かでありその末裔が祭った神さまであり素晴らしい功徳が期待できます。

仕事運も向上する全国の天満宮と天神社

京都・北野天満宮と福岡・大宰府天満宮が総本社でご祭神は菅原道真公です。

全国に一万三千社の天神さまがあります。

東京の湯島天神、京都の北野天満宮が有名ですが、勧請された全国の天神社には素晴しい神さまが在住していらっしゃいます。ですのでお近くのしっかりとした天神社に行くのが良いのです。受験はもとより、仕事運の向上が功徳ですが、より専門的な分野であればこの天神さまへのお祈りが効果的です。

私も執筆の際には、実は度々、太宰府天満宮を訪れています。

現在の名古屋の自宅からはかなり距離はあるのですが、太宰府に行くと必ず、執筆能力が奇跡的に上昇することを体感しているので、出版が決まり原稿をしっかり書き始める頃には参拝するようにしています。

そうすると毎回、私に必要な文章がひらひらと舞い降りてくるのです。

今回の執筆でも、太宰府天満宮に行く前の文章と行った後の文章はかなり違ったものになり、参拝に行ったあとの冴えはかなりのものであると断言できます。

「天職」に辿り着きたいなら伊勢神宮内宮の荒祭宮（三重県）

自らの仕事の方向性を整えていく、簡潔に言ってしまえば自分の職業上の天命つまりは天職を見つけたい場合には伊勢神宮をお勧めします。

伊勢神宮の分社を神明社といい四千社を超えますので、お近くに神明社を見つけることが出来ると思います。

しかし「天職」を本気で考える場合は、三重県伊勢市の伊勢神宮に是非、参拝されたい。大きな角度で動いてくれます。ただし、即効性でいうとそこまで早くはありません。じっくり大きく動くのが伊勢の神さまの特徴だからです。

ところで伊勢神宮で個人的なお願いをするのにふさわしいのは荒祭宮（あらまつりのみや）です。正宮の次に高い格式があるとされている場所で時間の許す限りお祈りされると良いのです。

即効性を望む場合は伊勢神宮ではなく猿田彦神社をお勧めします。先々を見越してあなたの人生の舵取りをしてくれるのが先見性のある猿田彦の神さまです。

徳川家康の生誕地の圧倒的なパワーを授かる龍城神社（愛知県）

愛知県岡崎市にある龍城神社は徳川家康の生誕地の岡崎城のすぐそばにある神社で開運・出世・勝負運にご利益があります。

徳川十五代のもとをつくった徳川家康の生誕地の神社。非常に霊験あらたかです。岡崎城築城の際、龍神が現れたという伝説が残っています。東照宮と映世神社を合併し、ご祭神は徳川家康公と本多忠勝公の2柱という珍しい神社です。

仕事運、出世運に加え、健康運の上昇も特筆すべき神社の功徳です。

また、龍神の加護を受けられると信じられ、体調も改善する方も少なくありません。

私の手相のお弟子さんから以下のメールを頂いています。

「体の不調があったときに参拝に行った時は、その不調の部分が治ったりします。（直近では、膝が痛かったのですが、参拝したその日に痛みが取れました。）

日々、龍神様に御守り頂いていると感じています。」（愛知県在住　Nさん）

人間関係で縁切りするなら寒川神社（神奈川県）

「超絶に願いが叶ったすごい神社」でも詳細をお伝えしましたが、**寒川神社の悪縁切りの凄さは有名**です。私のお客さまから頂いたメールです。是非、ご覧ください。

「今年の一月に神奈川県の寒川神社に悪縁切りのお願いをする為に参拝させて頂きました。

その内容なのですが、今、私が勤めている会社に当時２人の新人さんが入って来ました。ちなみに更にその前に１人でポンポンと３人増えたのですが、先ず最初の一人が素行が悪く「なんだアイツは」と言われる感じの人でした。

私自身も、彼に注意した時に「はぁ？」と言われて驚いた事があります。

正直、「こんな人と縁が出来るとは？」と当時凹んでいたのを覚えています。

しかし、それでは終わらず次にきた２人が更にとんでもない人達だったんです。

例えば、操作など基本的な事から順番に教えてくださいと上司に言われたので、その最中に「じゃあ、実際やってみようか？」と道具を渡そうとしたところ、

「はぁ?お前がやれ、俺にやらせて楽しようとするな!」と返って来たのです!?

それからと言うもの、会社の人とあちこちでいざこざを起こして。兎に角手に負えない状態でした。もう一人もそれに負けないくらい凄い人でした。

当時の私は「これは、流石にたまらん」という事で、三人と縁が切りたいと思い寒川神社にお参りしました。

そんな中、今年の夏頃でしたでしょうか?最初に来た人が気持ちが悪いと思うほど、敬語を使って話し掛けてくる様になり「んっ?」と思って過ごしていました。

その後、少し観察する様になってその人の言動を観て居ましたら他の人にも謙虚に接していて正直「どうした?」と思って彼を見直していました。

その後、先月に3番目に来た人が突然辞意を表明して。今は会社に居ません。

そして、あと1人ですが先日、会社から解雇通達されたと上司に聞きました。

会社としても様子見していたようですがあまりに常識外れな言動に対して、解雇と言う判断をした様です。」(愛知県在住Mさん)

圧倒的な神力を感じる寒川神社の存在は大変心強く頼りになります。

第４章
総本山の神社の神さま

総本山の神社の神さま

総本山と私が呼んでいる神社は全国に多くの同名の神社を勧請した神社のことを示しています。

もちろん、神奈川県の寒川神社のように総本山の神社はなく、非常にユーモラスにたったひとつの名称しかない神社も存在しています。

総本山の本宮がないそれらの神社をどうするのかという問題は残るものの、まずはあなたの住んでいる近辺の神社を紹介できる大きなメリットがあります。

とはいえ、同じ都道府県でも端から端までかなり距離があるのも事実でしょう。

私が紹介した神社に参拝するために場合によっては車で何時間もかかってしまう・・・ということもあることでしょう。

その場合は、それでも紹介された神社が近くにあったということで、まずはご容赦頂きたいと思うのです。また、数時間のドライブの楽しみが増えたと思って頂けたら幸いです。

実はあなたの近くにある神社はいわゆる「地縁のある神社」ということは間違いないのです。

私がリーディングをしていくと、何度も特定の神社の神主でご奉仕を行う人物として生まれてくる方もいらっしゃいます。

そのような方にとっては、その地縁のある神社は輪廻転生を繰り返しても、ご縁が続く希有な神社なのです。

私なども島根の出雲大社の神主をしていた前世があることを複数のサイキックに指摘されています。

それで私は何か実感があるのかといえば、やはり思い当たる節は沢山あります。

参拝や旅行などで出雲大社に向かう度に毎回、なぜか、私の本業である手相鑑定の自動予約システムにビックリするような予約が立て続けに入ったりします。

それでそれはとても不思議だなぁと思って過ごしていましたが、もしも前世で出雲大社にご縁があるとすれば、そのような奇跡的なことがあっても確かにおかしくはありません。

さて、総本山の神社のお話に移っていきましょう。

総本山の神社は、以下のような神社になります。

(1) 伊勢神宮・神明神社

伊勢神宮は全国神社の最高峰で日本国民の総氏神

皇大神宮(内宮)に天照大御神を豊受大神宮(外宮)に豊受大神を祀っています。

伊勢神宮の分社を神明社といい。それらは四千社を超えます。

（２）八幡宮・若宮神社

総本社は大分県の宇佐神宮です。
祭神には八幡大菩薩（応神天皇）、大帯姫命(神功皇后)、比売大神を祀っています。
八幡信仰は応神八幡から八幡大菩薩信仰、武神である八幡信仰へと変遷していきます。
若宮神社とは本宮の祭神の子を祀った神社。八幡神の若宮を祀っている神社が多い。
のべ２万５千社の分社があり鶴岡八幡宮、石清水八幡宮、藤崎八幡宮などが有名です。

（３）天満宮・天神神社

福岡県の大宰府天満宮と京都の北野天満宮が総本社です。
ご祭神は菅原道真公です。
東京の湯島天神のほか１万３千社の分社があります。

（4）諏訪大社

長野県の諏訪大社が総本社です。

武御名方神（たけみなかたのかみ）と八坂刀売神（やさかとめのかみ）の二柱を祭神としています。分社は1万社を超えています。

（5）氷川神社

武蔵国（東京・埼玉）の荒川流域に集中する氷川神社は埼玉・氷川神社が総本社で大宮という地名の由来
祭神は須佐之男命すさのおのみこと(=素戔嗚神)、稲田姫之命（いなだひめのみこと）大己貴命（おおむなちのみこと）
武蔵国造と出雲国造が同族の為、出雲の祖神を祀ったのが始まりといわれています。
1万社の分社

（６）宗像大社・厳島神社

総本社は福岡県の世界遺産にも認定された宗像大社です。

辺津宮に市杵島姫神（いちきしまひめのかみ）、中津宮に湍津姫神（たぎつひめのかみ）、
沖津宮に田心姫神（たごりひめのかみ）の三柱を祀ります。

約９千社の分社があります。

広島県の宮島の厳島神社は平清盛が宗像三神を勧請して創建した歴史があります。

分社も弁天社を含めて約６千社ある。

（７）八坂神社

京都の八坂神社が総本社です。

祭神の牛頭天王（ごずてんのう）はもとはインドの神さまで、日本に渡来して素戔嗚命（すさのおのみこと）と同一視されるようになった。

同系統の愛知・津島神社や八雲神社も合わせて約６千社の分社がある。

（８）熊野大社

和歌山の熊野本宮大社は家都御子大神（けつのみこのおおかみ）、熊野速玉大社は熊野速玉大神（くまのはやたまのおおかみ）、熊野那智大社は熊野夫須美命（くまのふすみのみこと）熊野三神とも言う。

分社は約４千社

（９）白山神社

石川県白山市の白山比咩神社を総本社とする。

祭神は菊理媛神くくりひめのかみ（白山比咩神しらやまひめのかみ）・伊弉諾尊（いざなみのみこと）・伊弉冉尊（いざなみのみこと）の三柱としているものが多い。

分社は約３千社

（10）住吉大社

大阪府の住吉大社が総本社です。
祭神は表筒男命（うわつつのおのみこと）、中筒男命（なかつつのおのみこと）、底筒男命（そこつつのおのみこと）の住吉三神
分社は約２千社

（11）出雲大社

島根・出雲大社を総本社
祭神は大国主神（おおくにぬしのかみ）
約千三百社の分社がある

（12）浅間神社

浅間は火山を意味していて、縄文時代からの古い自然信仰。
総本宮は富士山本宮大社
祭神は木花開耶姫命（このはなさくやひめのみこと）
富士山を中心として約千三百社の分社

（13）金毘羅宮
総本社は香川県の金毘羅宮

祭神は大物主神（おおものぬしのかみ）「コンピラ」はサンスクリット語で「竜王」で、インドの竜王信仰が影響して日本の神さまと習合したと考えられている。

分社は約七百社

(14) 鹿島神宮
総本社は茨城県鹿嶋市にある鹿島神宮
祭神は武甕槌神（たけみかずちのかみ）
約六百社の分社

(15) 香取神宮
千葉県香取市にあるにある香取神宮
千葉・香取神宮は経津主神（ふつぬしのかみ）を祭神
約四百社の分

（1）～（15）の神社を合計すると九万四千社にものぼります。非常に多い数です。その他にも春日大社系、愛宕神社系などさまざまな神社がありますが割愛させていただきます。

第5章
神棚と御札の力

神棚と御札の力

長年の経験から神社のお札は非常に頼りになるものですが、意外に語られていないのが「神棚」と幸運の関係です。

神社の神さまのお札の力は私たちが思っている以上に強力なのです。

どんなに**遠方に住んでいようとも神社のご祈祷のパワーは必要な人に強力に届く**のです。

そして、時間が出来た時に、お札を送ってくれた神社に実際に出向いて感謝の参拝をするとますますあなたは神社の神さまに愛されて幸せな人生を歩むことができるでしょう。

お近くのすごい神社に参拝すれば画期的な効果があります。

しかし、残念ながらすごい神社の近くに住んでいない方にとっては有益な情報であっても活用することが難しい・・・とおっしゃる方もなかにはいるかもしれないと思いました。

それで「お札を家に飾る」ことですごい神社の神さまの功徳とつながる方法をこれから書きます。

いまにも潰れそうな会社には、神社のお札が祭られていないということが数多くの経営者が私の鑑定に来て言うのですから間違いない事実。

そのような経営者には「**どんな理由をつけてでも一刻も早く神社のお札を祭ってください。**」とアドバイスをしています。

お札には神社の神さまの分魂が鎮まっているので、その神さまを祭れば、その神さまとつながることが出来て、功徳をもらえるのです。

（ただし、お札の効力は約一年ほどです。一年経過する前にまた、お札を手に入れるようにして祭ってください。）

注意する点は私や私の周囲の今までの経験上、お札は常に8枚以内が良いということです。それ以上の場合はお札の効力が薄まってしまう感覚を持っています。

なぜかと考えるところですが、コップに水を入れてあふれる量は必ずあるものですが、お札についてもそれが言えるのではないかと考えています。

私の場合はそれではどうしているかというと1年以内のお札でも古い順番から近くの神社にお返しをしています。

また、家でゴタゴタが続き、さまざまな困難が続いているという方に聞いてみると、お住まいに神社のお札がないと言います。

これも会社の経営者と一緒で、一刻も早く神社に行ってご祈祷（正式参拝）を行って、その際にもらえるお札を祭ることをすると良いのです。

「神棚」は超重要

実は開運のポイントは神棚があるかないか。神棚だけは是が非でも設置してほしいと思います。

古くは家そのものが神様の住まいであり、大黒柱、棟、屋根に神さまが降りてこられ人と一緒に暮らしていただけると考えられていました。

また、床の間を設けて一段高したその上には上がることはないようにしています。そして天井は仕切られることによって別の空間をつくっています。

そこに神さまやご先祖をお祀りしました。

神様を祀るとは神棚などに神気をお招きして、天からのエネルギーを受ける場所になとです。

神気が家の中に満ち溢れるようになれば榊やお花が枯れずに長持ちするようになり、私もそれを何度も驚きながら見つめています。

多少の体調が良くない時でも神棚の前で少し休めば回復することも多いものです。

つまりは神棚から神さまのパワーが出ているのです。

お札もその神棚に置くようにします。そこが家の中の幸運の発信源になるのです。

私のお客さんからこのようなお便りが届きましたので掲載します。

「3年前の9月に出雲大社を参拝しました。

その時に住んでいた九州からちょうど北東方位で吉方位ということもあり、三泊四日で島根県の神社巡りをしました。

昔から寺社仏閣巡りは好きだったので色んな神社やお寺を参拝していましたが、お札は神棚にお祀りするお札を新年に一回新しくする程度で、お守りや縁起物を購入することはあってもお札を購入することはありませんでした。

しかし、出雲大社に参拝し、どうしてもお札が欲しくなりお札を購入して神棚にお祀りしました。

その頃、私たち家族は2人目が欲しいなと思って

いました。

１人目も授かるのに時間がかかったのでなるべく早く欲しかったのですが、こればかりは神のみぞ知ることなのでいつになるなわからないなと思っていました。


出雲大社を参拝後の７ヶ月目に妊娠していることがわかりました。

出雲大社を参拝してからの変化は目まぐるしく、十四ヶ月目には夫の転職が吉方位の関西に決まり、私は出産。その２ヶ月後には関西に引っ越しました。


出雲大社は縁結びの神様なので、私は子どもとの縁を結んで欲しいとお願いしました。

転職に関しては、参拝後に私の中で関西に行きたいなと漠然と思い始めていましたが、まさか本当に関西との縁が結ばれて関西に引っ越すとは予想だにしていませんでした。」

（大阪府在住　Ｈさん）


このようにお札の効果は思った以上のものなのです。

それならば、やはりお札を自分の住まいに置いてご加護を得て、継続的に神気を吸収したいものですね。

第6章
神社の神さまに会う前の心構え

松下幸之助さんからの質問

私は運命カウンセラーとして全国の多くの皆さんの開運指南をしてきました。

開運するためにはさまざまな心構えや行動がありますが、その中に「運のいい人とつきあいなさい！」という必須項目が存在します。

これなくして開運はありえない！そんなレベルのものがやはり存在するのです。


松下幸之助さんのエピソードをもとに神社の神さまのお話と関連付けてしばらくお話していきましょう。


人はとても影響を受けやすい生き物です。

人は知らず知らずのうちに他人様からの影響を受けています。

人間はいい意味でも悪い意味でも本当に影響を受けやすいのです。

孟子の母親は孟子を育てるために環境の良い場所を選んで3回も住居を変えたと言うではありませんか（孟母三遷の教え）。

それほど影響を受けやすいのであれば、運のいい人間からも影響を受けやすいということです。

ですから、運を良くするには、運のいい人とつきあうことがとても大切です。このことを如実に示すエピソードがあります。

それは、「貧乏、学歴なし、病気がち」という大きなハンディを負いながら、世界のナショナル（今のパナソニック）を築き、経営の神様と呼ばれた故・松下幸之助氏の話です。

松下幸之助さんは、ご自身の成功は「運のいい人のみを採用したからだ」と言われています。

事実、松下幸之助さんは、新入社員の面接試験で、こう質問していたといいます。

「あなたは運が良いですか？」

そして、この質問に対する答えによって、採用・不採用を決めていたというのです。

「運が良いですか？」と聞いて、「とても良い」と無条件に答えた学生は、たとえ試験の成績が悪くても採用しました。一方、「う～ん、そうですね」と口ごもったり、すっと返答できなかった学生は、試験の成績が100点満点でも採用しなかったそうです。

では、なぜ松下幸之助さんは「運が良い」と答えた学生を採用したのでしょうか？
その理由は、すっと「運が良かった」と言える学生について、松下幸之助さんは、こう思ったそうです。
自分が周りの人に助けられてきたと自覚していて、他人に素直に『感謝』できる感性を持っていると。「そうした学生はたとえ逆境に陥っても、他人の助けを得ながら、前向きに取り組める人物だ」と判断していたのです。

松下幸之助さんは「私は運が良かったから成功した」とよく言っていたそうですが、それは別の言い方をすると、常に運のいい人と接していた、ということではないでしょうか？

実は、この考え方こそが「成功のゴールデン・ルール」なのです。

運のいい人と一緒に仕事をすることの意義

社長の運が良ければ、会社は自然に隆盛していきます。

社員にどんな運の悪い人がいようが、あまり影響を受けません。

社長が会社の運気の９割を左右しているといっても過言ではありません。

それほどまでに、企業は社長の運気に強く左右されるのです。

先に紹介した松下幸之助さんは「私は運が良かったから成功した」とよく言っていたそうですが、まさにそのとおりです。

社長の運が良ければ、社員もそれに乗っていけます。

社長の運勢が飛びぬけて良ければ、社員が大厄であろうと大殺界であろうと会社は業績を伸ばして、給料も賞与も上がっていきます。

また、運のいい人と一緒に仕事をすると自分自身のセルフイメージを上げることが出来ます。

最近の書籍のベストセラーを見てみると、「脳」に関することを書いたものが多いようです。

それだけたくさんの人が、脳に興味を持っているのでしょう。実は、セルフイメージは、その脳に蓄えられているのです。

自分の限界がどこにあるのか、自分はどういった方向で成功するのかも、実は脳が知っています。

いえ、脳が決めているのです。

ですから、成功するためには、いかに自分の脳をかえていくかが大切なのです。

人間は、残念ながら、過去に自分が会ったことがある人の行動レベル、あるいは自分の成功事例でのみしか、イメージをつくることができません。

そこで、**セルフイメージを高める方法として、私が決定的と確信しているのは、「すでに成功している運のいい人と一緒にいる時間を増やす」ことです。**

すでに成功している運のいい人とともに過ごすと、自分の長所や弱点などが洗いざらいわかってくるのが面白いところです。

なぜなら、彼らは一定の「成功スキル」を持っているからです。その成功スキルと実際の自分を生で比較できることがすばらしいのです。

また、恋人や夫婦、仕事のパートナーなどは、運命が似るのはもちろんです。
そのような訳で、友人はよく選んで付き合う事が絶対大切なことなのです。

結婚運が良くない人は結婚運が良い人と、金運が弱い人は金運の強い人と、仕事運がダメな人は仕事運がいい人と、努めてお付き合いすべきです。

「類は友を呼ぶ」で、同じような波長を持った人の所に行ってしまうのが通常です。気が合うので一緒に居て、とても快適なのですが、相手が運の悪い人の場合、それは決していい事ではありません。
残念ながら運が下がります。

やはり**出来るだけ運のいい人とお付き合いしたい**ものです。

「運のいい人」との人脈を作る

運のいい人物に近づくと幸運をお裾わけしてもらえます。

極端な例ですが、もしある女性が億万長者の男性と知り合って結婚することができたら、その女性は結婚した日から億万長者の生活を享受することができます。

この場合、この女性は億万長者の運のお裾わけにあやかった、といえます。

たとえ少人数のベンチャー企業であっても、社長が飛びぬけて強運であれば、その会社に勤めている社員の運も上がります。この場合、社員は社長の運のお裾わけをちょうだいしたわけです。

「運のいい人とつきあない」というのは、このように、運のいい人物に近づいてその強運を受け取りなさい、ということでもあるのです。

運のいい人物に近づいて成功する方法を2つ紹介しましょう。

（１）運のいい人と親密な交流をする

例えば交流会や名刺交換会などで知り合った人の運が良ければ、その後、親密な交流をもつことで、自然とその人の運気をもらえるようになります。

可能であれば仲の良い友人になるまで親交を深めるとよいですし、異性であれば食事をする仲にまで発展させるとよいと思います。

（２）運のいい人と結婚してしまう

先の「億万長者と知り合って結婚する」というのは、運のいい人と結婚する極端な例ですが、女性芸能人が実業家と結婚するのはその典型的な例といえるでしょう。

ただ、「運のいい人と結婚する」という方法は、運のいい人一人に対して指定席がたったの一人分しかないので、難易度は相当高いといえます。

しかし、私が知っている例では、高収入の開業医と結婚するためにその病院に就職し、見事に開業医を射止めた女性がいますし、同様のことを実現した人を私は何人も知っています。だから、決して実現不可能なことではないのです。

打算的な結婚と思われるかもしれませんが、深い愛情が伴っていれば、最も運を分けてもらえる方法です。私は、適齢期の女性はこの方法を真剣に考えるべきだと思っています。


ここまで書いてきましたが、お気づきの方もいらっしゃることでしょう。

人間よりも神さまのほうが運が良さそうだと・・・。

そうなんです。さきほどの（1）の「運のいい人と親密な交流をする」を「神社の神さまと親密な交流にする」と読み替えると良いのです。
（2）の「運のいい人と結婚してしまう」を「神社の神さまと結婚してしまう」と読み替えるのはどうでしょうか？
さすがに神社の神さまと入籍はできないのでしょうが、こう考えてみてはいかがでしようか？

さて、フェイスブックに最近投稿した記事を思い出しました。

「私がいつも思うことがあります。それは全ての人に幸せになって欲しいなぁって。それに一生懸命に努力している人には特に幸せになってほしいって思います。それを声に出すこと（自分はこういうことに向かって努力している）が実は大事なんじゃないかってつくづく思います。

だから頑張っている人は神社に行って自分はこう頑張っているから見守って欲しい、応援して欲しいって素直に言う人になっていただければ！

人間の私でさえ、そういう人なら守ってあげたいと思うくらいですし、神社の神さまはもっとそう思うに違いないなって。」

神社の神さまとの結婚はできないんでしょうが、ずっと一生見守ってもらえるようになったらそれは結婚に限りなく近いようには思いませんか？

人間関係では仲良くなるためには一般的によく言われるのは、接触回数を増やすことがです。

職場恋愛になる場合は正にそれですよね。接触回数が多いのでお互い意識する回数も増えて馴染んでくる、という感じになっていきます。

実際に長時間、接していたり、会う回数が多いと波長が合ってくるんです。これが人間だけでなく、神社の神さまとヒトもあります。

それには上巻でも書きましたが**「感謝」がとにかく大切です。**

この本を読んでくれているあなたはきっと感謝ができる方だと思います。あなたのような人であれば、きっと神社の神さまに愛され続けるはずです。

私が講演会等で「大好きな人に好きになってもらえる理論と実際」のお話をする時がありります。

実は愛情を飛ばすと相手に伝わります。

メッセージ・メール・電話でもすごく好意を持って出してる場合については、単純な内容であったとしてもエネルギーが見た瞬間に伝わります。

だから、私も特別なメールを受け取ったときに、送った人の顔が浮かびます。

私の場合は道を歩いていて、ある人の顔が急に思い浮かんだりする、するとその時間にメールが入っていたり、鑑定の予約が入っていたりします。

皆さんの中にもこのように感じる方いらっしゃるんじゃないでしょうか。神社の神さまであればなおのことだと思いませんか？

そのためには、**具体的にはあなたがここぞ！と思う神社で参拝の時に、とにかく感謝の気持ちを思いっきり捧げてみてください。**

その神社に感謝の気持ちを向けようにも初めての神社もあるかもしれません。

その場合は、今日、この神社に無事に来れたことの感謝を切々と申し上げれば良いのです。

あなたはおそらく公共交通機関か自動車を使ってその神社に行き着いたはずです。

昔は全て徒歩でしかいけない時代がありました。

その昔、江戸時代よりも前に伊勢神宮に全国的に参拝することがブームになったときには、遠方から何週間もかけておもむいた記録が残っています。
また、かつては**「蟻の熊野詣で」**といってそれこそ各地から和歌山県の山深い熊野本宮大社へ蟻のような行列をしてかなり厳しい環境で参拝された歴史があります。
それに比べたら、**わたしたちが何時間かけて神社に参拝しても比べ物にならないほど幸せなこと**だと思うのです。

もしも、あなたの目の前に、あなたをよく知った方が「あなたに本当に感謝しているんですよ。例えば、あなたにこんなことをしてもらったことがあって、その時にとてもありがたく感じて感謝したんです。また、ある時には・・・」と感謝の嵐をされたらどう思うでしょうか？

あなたはきっとすごく嬉しく思うのではないでしょうか？

心当たりのない感謝の念であれば変だなぁと思うのでしょうが、バッチリ心当たりもあるし記憶もあることであれば、それほど感謝されるなんてと逆に感激するかもしれません。

人間でさえそうなのですから、神社の神さまはあなたがもし神社で熱心に感謝のお祈りを捧げたら間違いなく、その感謝の気持ちを受け取ってくださいます。

また、周波数の高いお願いの仕方を研究では、一見矛盾するように思えるかもしれませんが自分・自我から離れるほど叶う傾向があることが分かってきました。

一番叶い易いのは、公共のこと、みんなのことなんです。自分・個があって、大きい集団・人類がありますが、なかなか自分だけの「欲望」というのは叶いにくいです。

どうお願いすれば叶いやすいかというと、**「自分の実力を発揮できますように」というのがかなり叶いやすい**です。

その文章の中に、自分の対面を保つ・利己心というのが無いんですよね。

例えば「三百万入って、豪遊して・・・」というのはなかなか叶いにくいです。

金額書くのはいいいんですけど、豪遊して、とか書く瞬間に波動が下がるわけです。

試験の前でしたら「自分の実力を発揮できますように」と試験の前に神社でお祈りして、その心がけで臨んだら受かりやすくなります。

そうするためには、参拝して気持ちの良い神社のほうが良いでしょう。参拝のたびに嫌な感じがする神社である必要があるわけがありませんから。
「神社の神さまと親密な交流にする」こちらは難易度はそこまでではないと思います。月に何回か参拝することを継続するだけでもかなり神社の神さまと親密になれます。
ただ、現実社会ではひとつ注意して扱わなくてはいけない種類の人が存在しますのでくれぐれも気をつけてください。
それは「一見、運が良さそうで、人の運気を奪うタイプの人」です。

一緒にいたい人はポジティブな心を持った運のいい人に限ります。

他人の運をブラックホールのように吸い取ってしまう人とは一緒にいてはいけません。

しかし、困ったことに、周囲から運を吸い取ってしまう人は一見、優秀で、とてもポジティブな人に見えてしまうのです。

上司に気に入られて、異例の出世を遂げたりします。経営者であれば景気に関係なく、会社を急成長させるなど剛腕の人で、魅力的に見えるものです。

しかし、このタイプの人は自分の気分次第で周囲を威圧したりして、周囲の方が大変な損害を受けてしまうケースがあります。

なぜなら、自分が利用できる人脈を使うだけ使って、時には人を裏で蹴落として出世したり、取引先でさえ無理難題を押しつける形で自分だけ利益をあげたりするのがこのタイプの特徴だからです。

このタイプの人は周囲の運のいい人の運を吸い取ってしまうので、運を持っている人を見つけるとすり寄るように近づいてきます。

このタイプを具体的な例でいえば、その場にいない会社の上司のことを猛烈に批判したり、人の話の腰を折ったりということです。

食事をご馳走してくれる場合も、それが本当に心から喜んでもらおうとしてやっているのではなく、ありがたいと思わせるようとしてやっていることが感じられます。

少しでもそう感じた時は注意したほうがいいでしょう。


このタイプの人は、「感謝の心の少ない人」であり、周囲の人々が病気になったり不運にしてしまいます。

自分一人だけが光り輝くように自分の持ち場を威圧して制覇するのです。

世間一般にはとても優秀な人物が、周囲の人や環境に「ありがたみ」を感じず、逆に「ありがたさ」を堂々と見せつけます。

そういう人には、どんなに運が良さそうな人でも近づいてはいけないのです。

近付くとやけどどころではなくなってしまうのです。


読んでいて若干、怖くなった方もいらっしゃるかもしれませんが、これは神社の神さまでもあることはあるんです。どこの神社とは言いませんが、魔界のような場所があることは確かです。そういうところには決して近寄ってはいけません。

第7章
誰でも幸運体質になれる

自己肯定感が上がると人生は上手く行くようになる

最近の私の講演会より抜粋してお伝えしますので話し言葉になっていますことをご了承ください。

さて、皆さんのお祈りが神社の神さまへ情報を飛ばす発信機だとして、その性能をどうしたら良くしていけるか考えていきましょう。

自分の発信機の性能を高めるにはまず「自分のことを本当に好きになる」ことです。

自分のことを本当に好きになると、細胞レベルからスイッチがＯＮになります。

普段はあまりスイッチがＯＮになってないです。これってとても重要なことです。

それでは「自己肯定感」をどうやって高めていくかー。

自分のことを表面上好きだと思っていても、そうじゃないケースってあります。

そういう人はいくら神社に行っても願望をノートを書いても願いが叶いにくい。

何故かといいますと、潜在意識が「こんなのお祈りしても自分は叶うわけがない」とか

「ノートに願いを書いても叶うわけないじゃない」と思い込んでそれを信じてしまっているから。

それは辛いことです。一生懸命に神社でお祈りすればするほど叶わないなんて、一生懸命書けば書くほど叶わないなんて、それは大変もったいないです。

せっかく時間かけて一生懸命やっているわけですので。

人生の中でたまたま自己肯定感が上がることもあるでしょう。

それは恋愛・結婚です。私は鑑定でも恋愛・結婚はとにかくすごく勧めてますよ。手相に出てたら、一度結婚してみたらって。別れてもいいからって（笑）。一つの婚期だし運命だから。そこで学ぶものがあります。

なぜ恋愛・結婚がいいかというと、相手が愛情をもって接してくれるからです。相手からものすごい大量の光子（フォトン）が来ます。だから自分が何か元気ないなーと思っても、**好意を持ってくれてる人から応援されると、すごく元気になります**。

目には見えないのですが、大量の光子（フォトン）が発信され、それを受け取るからです。

コップがあるとして、愛情という名の水をどんどん入れていって、コップいっぱいになったとき、自分のことを本当に好きになれます。


だから**愛されて育った人は、もともと自己肯定感がすごく強い**です。

そういう意味で親に愛されて育ってない方は、ここがちょっと弱くなりますね。

本人に悪気は当然ないのですが家庭の環境やあまり使いたくない言葉でカルマといいますかありますよね。


しかし仮に親からあまり愛されずに育った人でも、恋人から、旦那さんから、友達から愛されて、大量の愛情の光子(フォトン)を受け取れば、ある時点でだいぶ満たされた状態になります。

そうすると、突然叶いやすくなってきます。

良い状態になってきます。

また、自分に自信がない、という方は一定数いらっしゃいます。

私の鑑定で「何に自信がないの？」と聞くと「全部自信がない」と答えてしまう（笑）

しかし、一つ一つ分解していくと、たいていの事はできるんだけど、一つ二つ自信がない部分が出てくる。

その**一つや二つができないだけなのに、相対的に自信がなくなってしまって「全部自信がない」と思ってしまうのもまた人間**なんです。

だから、その一つ二つの部分を克服していく、というのも重要になってきます。

私の場合は「自己肯定感」は振り返ると手相鑑定を始めてから高くなってきたと思います。

何故なら、鑑定が終わると「ありがとうございます」と言われるからです。

「ありがとうございます」と言われる機会ってあまり無いんですよ。世の中で。

例えば十人の方を鑑定して、十人の方に「ありがとう」って言われると、「生きてて良かったな」と真剣に真面目に思います。

だから私の手相家のお弟子さんには、どんどん鑑定していってほしいと思っています。

それが私の場合は独立してそれがずっと続いているので、かなり力になっていますね。普段あまり「ありがとう」と言われないのが世の常ですから。

たいていは頑張っても何も評価されないか言われないか、なんなら逆にクレームを言われてしまう世の中であったりします。

自分の元気な光子（フォトン）をどんどん取られてしまう感覚の方も、相当数いらっしゃるでしょう。

そこを本当に何とかしてあげないといけないです。

私は普段、鑑定や講演会で「吉方位旅行」をよく勧めます。

実は旅行先で大量の光子(フォトン)をもらってくるんです。具体的には、夜の子の刻、つまりは午後十一時から午前一時に大量に吸収します。

「祐気」ともいいますね。ですので吉方位旅行のことを「祐気旅行」と言ったりもします。

人間の生命エネルギーは何もしないと社会に立ち向かっているうちにだんだん下がってくるので、それに太刀打ちしないといけないです。

最低でも４年に１度は行った方がいいです。理想は１年に１回。１０年も行ってないともったいないですし、行ったことがない方は是が非でも一度は体験していただきたいものです。

過去への折り合いについて

人間には、現在・過去・未来と時間軸がありますが、理解できる、実感として伴うのはのは今しかないともいえるでしょう。

しかし、過ぎた事に対して、どうやって折り合いをつけていくか。これもすごく重要です。

私がノートの書き方でギフトノートの書き方でも述べていますが当然のことながら人は誕生してから過去・現在のところまでで自分ができてしまっています。

ですので時間軸としては「過去に起きた事」に注目をします。過去が積みあがって現在があるわけです。

あなたはギフトドリームノートを書かれたことありますか?

残念ながらドリームノートに比べると、強制的に書くという機会がないんですよね。自分の過去を振り返りましょう、というのはなかなか社会に出るとあまり言われないんですね。

ギフトノートの書き方としては、見開き2ページでだいたい過去十年間に起きた事の項目を書きだします。

自分にとって良かった出来事は◎をつけて、良くなかった出来事には△をつけます。そのうえで、△の出来事、自分にとって良くなかった出来事に対して「上書き」をします。

過去が変わると、未来が変わります。

ですので意図的に自分にとって悲しかった事・辛かった事にスポットを当てて、それを○にしていきます。

「～のおかげで」「～のおかげ様で」を使って、今まで悪いと思っていた事が良かったんだと切り替えていきます。

私は過去の事実の捉え方を変える、ということを勧めています。

これが全部できればすごく変わります。

ただし亡くなった人がいた場合に、～が亡くなったおかげで良かった、とは書きにくいので、「死」に関することを上書きするのは難しいです。

ただし、何年も経っていて、例えば最愛のお父さんが亡くなった場合に、「お父さんが亡くなったおかげで、強い精神力が身についた」というような事は書けるかもしれません。

人の死以外であれば、たいていの事が書き換えられると思うので、挑戦してみて頂ければと思います。

その思い出したくない黒歴史というのは、黒歴史のままにしない方がいいです。

せっかくですのでいったんギフトノートを活用して闘ってみることをお勧めします。

恥ずかしい**私の黒歴史といえば、新入社員の若い頃に会社員時代に全くお役に立てていなくて、1年ほどで会社を辞めた時に送別会もやってもらえなかった**ですからね(笑)

そのときに、人生を深く考えました。

「やっぱり必要とされる人間にならないとな」とすごく強く思いました。

実は初め勤めた会社は、大学時代にいろんな人から「君は営業向きだよ」と言われたのを真に受けて、営業職に就いたんです。

しかし、全く興味のない商品を売るのがこれほど難しいことなのか、というのがよく分かりました。

それですごい考えましたね。

その時はすぐに就職しなければならなかったので、強制的にこのギフトノートの作業に立ち向かっていった感じでした。

例えば、**この会社のおかげで今、活躍することの出来ている名古屋に来ることができた、とか無理やり書きました。**

そんな風に無理やり切り替えていった覚えがあります。

黒歴史は、本当は振り返りたくないのがやまやまですが、自分の人生の栄養分になるものがたくさんあります。

もちろん一般的には大変な事ですし、乗り越えたとしてもダメージが残ることかもしれないのですが、それでも一度は真剣にそれぞれに向き合って自分の中で完全に折り合いをつける、ということが大切です。

なぜ今、周波数の概念が大事なのか

皆さん普段接している方で、「あの人いいなー」とか「あの人のそばに行きたくないなー」って自然に感じる部分があると思うんです。

私も今まで鑑定で4万人くらいの方を見させていただいてますけど、ホント人ってこんなにも違うかな、と毎回思います。

最近はお会いした瞬間に、私が鑑定してきた中での周波数偏差値が、こういう感じの人なのかな、こういう波動を持ってる人なのかな、というのが何となく分かるようになってきました。

確かにいろんな方がいらっしゃるものです。

だからお客さんで「この人の周波数やたら高そうだな」とか「低そうだな」とかいらっしゃいます。

「低そうだな」という方は、こちらが話しかけても返事がなかったり、一点を見つめていたりして、実際に鑑定を始めるとやはり相当な悩みがあります。

心ここにあらず、の状態ですよね。

なぜ周波数を変えるとすぐに幸運が来るのか？

光子(フォトン)とは光の粒子、粒々です。我々の意識・脳内で考えていること、というのは目に見えないですよね。しかし意識・感情にも実態があります。

光子(フォトン)をいかに大量に出せるか、これにかかってきています。

昔、会社員時代に新人研修のお手伝いをしたことがありましてね。

その時にちょっと変わったユニークな部長さんがいまして、

「とっておきの研修内容があるから僕に時間をくれないか」ということで、お願いしたんです。

そうしたら「さぁ皆さん、今から目をつむってください」と。午後の3時くらいで食事の後なんで、一番眠いときなんです。

しばらく何も言わないし、お腹いっぱいだし疲れているで皆寝ていたと思います。

そして三十分くらい経って部長さんが、「皆さん、座禅の時間はいかがでしたでしょうか」と。たいていの人は寝ちゃってましたよね(笑)

ただ中には、

「目をつぶっていると精神が集中できて、普段いろんなことを考えている自分がいたんですけど何か整理できた気がします」

なんて気の利いたことを言う子がいました。

人って普段いろんな事を考えている。一日に思考でいうと6万回も考えていると言われます。

「何を食べようかな」とか、映画館に行って「何を観ようかな」とか本屋さんに何気なく入ったとしても、最終的に自分に必要な本って選べる。これはもともと自分が読みたい中身を知っているんでしょう。

「一つのことを念じる」というエネルギーは、かなり強いですよね。

あまりにも悩みが多いと、自分が本当にやりたい事がブレるんです。よく分からなくなる。その状態というのはあまり好ましくないものです。

私の鑑定に来るお客さんでも「私、いろんな事をやりたいと思うんですけど、混乱して・・・」と。

「混乱」というキーワードはよく聞きます。

いろんな事を考えていて、よく分からない。整理がつかないと。

そんな方たちに向けて「あきらめ上手になると悩みは消える」（サンマーク出版）とい

う本も出版しています。

自分が大切にしたい一つの事を重点的に考えてください、ということを「あきらめ」という逆説的な観点から書いています。


未来に対する希望ー。

これを持てる人は波動が上がる傾向にあります。


少し先でも随分先のことでも、何となくこうなるんじゃないかな、とほのかに思えることをつくっていく、これをすごくお勧めしたいのです。

私も、この未来に対する希望があるから、日々頑張れるのです。

なぜ引き寄せだけでは開運できないのか？

ドリームノートを書いたときに、叶わない、という人がいます。周波数が高い文章と、低い文章ってあからさまにあります。周波数が低い状態で書くと、やはり叶いにくいです。

例えばボーダーギリギリの試験があって、ノートに「〇〇の試験、受かりますように！」と書いたとします。

そういうときって、たいていの場合は受からないものです。

自分の「快」という状態。

皆さんは個人的には、この状態を求めていった方がいいと思います。

自分にとって快い瞬間・快い環境・快い人間関係、これは徹底的にこだわっていく方がいいと思います。

私はいろんな作家仲間や起業家さんとお話しする機会が多いんですが、たいてい最終的にこの話になっていきますね。

どうやったら**人間は成功できるのかは、この「快」に目覚めるかどうかにかかっています**。これは絶対に自分をないがしろにはしてないです。

面白いと思うのはあまり良い例ではないかもしれませんが私が作家仲間と打合せすると、昼からビールですよ(笑)

あまり常識にとらわれない感覚。常識にあまりとらわれず、心地よいなという状態を追求する。

自分を後回しにせず、自分を真っ先に幸せにするという感覚。

それで同時にみんなも良い状態だといいよね、という感覚。

それだと周波数が低くはないですから、自分が良い状態というのはモチベーションもアップしますし、気持ちがいいじゃないですか。

これはすごく大事だと思います。

これをすごく大事にされてる起業家さんとか作家仲間もすごく多くて、そういう方が成功している。

あとは**成功している方たちを見ていると、お金を稼ぐことに対してのストッパーが本当にない方が多い**ものです。

私自身は、どちらかというとそのストッパーがある方だと思いますが、何故かなと思うと、サラリーマン出身だからかもしれません。

一旦、一ヶ月これくらいというお給料を何年ももらっていくと、一ヶ月これくらいで過ごすという観念が身に付いて、そこからなかなか抜けきれなかった気がします。

私も独立して十二年ほど経ったので、だんだんそのストッパーが外れてきたかなーと思うんですが、最初は全然その成功に対する貪欲さ、というのが無かったように自分自身は思ってしまいます。

自分の能力・自分に対する「制限」を取っ払うには、どうしても「感情の解放」が必要です。

人間って頭では分かっていても、最終的には感情がものすごく大きな影響を与えます。感情を解放することで、「制限」を取っ払うことができる。そこについては本書では触れませんが非常に重要なことです。

さて、**重要なのは、ズバリ、希望の持ち方**です。

出来れば、今後、半年から2年後くらいの希望を持っているといいです。

2年というのは運命的に見れば、ほぼほぼ確定の未来があるんです。だいたいその通りになります。

よほどサボらないかぎりはという条件付きですが実際にそうです。

それであれば、**自分の2年後はいい未来だと確信して進んだほうが良い**のです。

開運期、という時にどれだけ開運するか、ここは一つの勝負です。

どうせ開運なら大きく開運した方が良いわけですから。運のいい人は「開運期」と言われたときに大きくチャレンジします。

逆にもったいないのは、その時期に動かない人です。逃しちゃいますからね。

開運したいなら占いで自分自身を知ることが大切

素早く開運！というのが今の時代にピッタリ来ます。そして、的中率が高い占いで自分を把握するのも近道と言えるでしょう。

私の三十年近くの長年の鑑定を通じて、その中でも的中率が高い占いは「手相」「西洋占星術」「紫微斗数占星術」ということが分かりました。

さて、もうひとつの後天的に開運できる素晴しいものに方位学があります。

一般的には九星気学という分野に分類されます。

この方位学の特徴は動くことによって運を高められるというものです。

特に距離が百キロ以上で期間が三泊四日以上の吉方位への旅行を行うと一年以内に大きな幸運がやって来るという非常にありがたい術なのです。

この方位学は実はメイドインジャパンの占いで明治生まれの園田真次郎氏が大正時代に考案したものです。

その分、日本人向けに分かりやすく使いやすいものにカスタマイズされています。読者の皆さんはその歴史を知ることよりも早く実践したい、実際に試したいと思われていることでしょう。

それでは、実際に吉方位に行ってみましょう。


まず、自分の九星は何か分かることが大切です。

これは生年月日で分類できます。

一白水星、二黒土星、三碧木星、四緑木星、五黄土星、六白金星、七赤金星、八白土星、九紫火星の九星のいずれかに該当することになります。

そして、年盤・月盤ともに方位が良い時に百キロメートル以上の距離で三泊四日以上の場所に旅行に出掛ければ、それから一年以内に大幸運がやってくるというのが吉方位旅行と呼ばれるものです。

吉方位旅行で行く方位は願望別にあります。


恋愛・結婚をお望みなら北方位・西方位・東南方位です。

金運を良くしたかったら西方位・東北方位・西北方位です。

転職を決めたかったら東北方位。

自分の才能を発掘したかったら東方位。

自分の評価を高めたいのなら南方位、離婚したい場合も南方位、美人になりたい場合も南方位！など様々な願望を叶えるための方位が存在します。


また、健康運も上昇させることができます。

ここでは代表的な四つの例を述べましょう。

タバコをやめて肺に良い生活を送りたかったら西方位。

腰痛を緩和させたかったら東北方位。

胃腸の調子を良くしたかったら西南方位。

体全体の調子を上向きにしたい場合は西北方位。

もちろん、それらの方位には九星別の吉方位で行かなければ効果が出ませんし、もっと厳密にいえば、今までに挙げた吉方位以外でも自分の九星と相性の良い星であれば、願望を成就できる方位、方角は存在します。

私の鑑定では最も手相の鑑定が多いのですが、**あまりにもこの吉方位の力が素晴しいのでほとんどのお客様にこの吉方位旅行を勧めている**のです。

私の鑑定に来た後に吉方位旅行を実行する方が多いので、開運していく方が多いのです。（私自身もこの吉方位旅行を何度も実行して幸運を獲得しています。なお、旅行に行った月を一ヶ月目とカウントします。そして四ヶ月目、七ヶ月目、十ヶ月目、十三ヶ月目に具体的な効果が出やすいのです。もちろん、その他の月も出やすいのですが行ってから一年以内に効果を実感される方がとても多いです。（海外旅行は三年半ほど強力に効きます。ただし、早く効果を出したいなら国内旅行です。百キロ以上で短い距離は効果が早く出やすい傾向にあります。）

「ノートを書く」は占いの手法ではありません。

しかし、セルフイメージを高め、願望を成就させるにうってつけの方法です。

私がお勧めしている方法は新月の日に自分の夢や願いをノートに書くというシンプルなものです。

自分の願望をノートに書くことで願望成就のスイッチが入ります。

そもそも夢をノートに書く行為は夢を強く意識することになります。具体的な書き方については様々あります。「幸運を引き寄せたいならノートの神さまにお願いしなさい」（すばる舎リンケージ刊）や「運命のパートナーを引き寄せたいならノートの神さまにお願いしなさい」（すばる舎刊）を是非、ご一読してください。

ひとつだけ**ノートを書く時の極意をお伝えします。**

その心構えとは「未来は勝手に決めて良い」ということです。未来はいまだ来たらずと書くので未来と言うのです。

今までの過去のことで起きてしまったことは変えられませんが、未来のことは変更可能なのです。

今、この先、例えば明日のことであっても一週間先のことであっても極端に言えば一秒先のことでも、あなたが「こうしよう！」と決断をすれば行動を起こすことが出来ます。

他人任せではない自分任せの習慣で未来を切り開いていけるのです。

そのために自分の願望を整理してみるというのは非常に有益なのです。

願望を叶えるためにノートに書こうとすると、何が自分の本当の願いなのかがハッキリと分かります。そこがとても重要なのです。

ノートに願望を書いたら、その夢を叶えるためにドンドン行動していきましょう。

その一押しを吉方位旅行でパワーを作っていくということもやはりお勧めです。

復習になりますが、願望別に吉方位がありますのでそこを調べて確実に三泊四日以上の旅行をしていきましょう。

さて、**手相で最も興味深く面白いのは、幸せになる年齢がハッキリと出ている**ということです。年齢を計測する技術は流年法と言います。

恋愛する年齢、結婚する年齢、仕事で昇進する年齢、独立する年齢などが分かります。それは生命線や運命線などに出現する開運線の位置を見てその開運する年齢を算出します。

先に未来の幸せの年が明確になれば、自信がつきますし、その年を迎えるまでかなりポジティブに過ごせるというものです。

実際、私の例では十八歳の時に「二十一歳の時に人生の目標が決まる！」と知ったときにその年齢に達するまでの三年間は今、振り返っても非常に充実していました。そして、実際にその年に人生の目標が定まったのです。

また、手相では健康に気を付けなければならない年齢、離婚しやすい年齢、異性とのトラブルになりやすい年齢なども分かります。それらを事前に知っておけばそれに対する準備、対策が出来るのでとても便利ですし助かるのです。

もちろん、手相では年齢だけでなく性格、性質、適職、仕事運、金運、異性運、結婚運など幅広く分かります。とにかく便利な占いです。

飽きっぽい私がずっと手相鑑定が出来ているのは、一人ひとりの手相が全く違うという興味深さと流年法が的中して、お客様に非常に喜ばれることの二つが大きいですね。

適職についても鑑定でアドバイスしています。手相では以下よくアドバイスします。営業向き。看護師さん向き。経理事務向き。ガテン系向き。技術者向き。アーティスト向き。作家向き。転勤族向きなどなど。

例えば、これは明らかに経理に向いている！という方であれば、それまで簿記など勉強していなくても、実際に勉強し始めるとすごくしっくり来るという方も多いのです。

恋愛も手相で驚くほど分かります。例えば、どんな出会い方になるか、これも興味深く、紹介で結婚するのか、偶然、知り合って結婚するのか分かります。

これらのように手相は総合的にもそれぞれの分野でもすぐに見て分かるというとても良い占いです。これは活用しないと損！ということですね。


西洋占星術は一般的にホロスコープと言われることが多いのです。

出生時のホロスコープを使用して人生全般を見ていきます。

西洋占星術は生まれた時刻を正確に知っている人は鑑定できます。しかし、出生時刻が分からないとハウスが定まりませんからそこまで正確なことを述べることが出来ません。（出生時刻が分からない場合でも開運時期や気を付けなければならない時期は分かります。）

さきほど出てきたハウスですが、一ハウスから十二ハウスと十二個ハウスが出来ます。ハウスにはそれぞれ意味があります。

一ハウスはその人の容姿、性格性質など。
二ハウスは金運。
三ハウスは知識・勉強・国内の旅行運などが分かります。
四ハウスは家庭運、プライベートの運気が分かります。
五ハウスは主に恋愛運、行動運。
六ハウスは仕事の勤勤怠運。
七ハウスは恋愛運、結婚運。それから対人関係運。

八ハウスは親から受け継がれた資質、ＤＮＡ、スピリチュアル能力など。

九ハウスは海外旅行運、国際運など。

十ハウスは仕事運など。

十一ハウスは友人運、引き立て運など。

十二ハウスは親との関係性や趣味の運などが良く分かります。（もちろん、それぞれのハウスの意味はもっともっとあります。分かりやすく覚えてもらえるように短く表現しています。）


例えば私の場合でしたら第ニハウスに海王星が入っています。

第二ハウスはその人の金運、つまり何をやって収入を得ることができるのか分かります。

海王星は占いや癒しの星ですので、幼い時に「きっと将来は占いをやっているんだろうな！」と思ったものです。

そしてその通りに占いや癒しの仕事を長年行っているのですからそのものズバリ的中しています。

また、「運命のパートナーを引き寄せたいならノートの神さまにお願いしなさい」（すばる舎）に書いた通りに**7ハウスが恋愛・結婚の部屋ですので、そこにどんな惑星が入っているかで恋愛運・結婚運を把握する**ことができます。

これらの例のように様々なことが分かるのが西洋占星術でその名の通りにヨーロッパを代表する正確で精密な占いです。

なお、テレビでの星占い（星座占い）は太陽の星座のみ扱っているので当たらないことが多いです。太陽はその人の三十パーセントを示すと言われていて確かに比重は高いのですが他の星の要素が七十パーセントもあるので当たる確率が下がるのです。）

また、**紫微斗数占星術は空恐ろしいほどに当たる占い**です。
東洋一の占いと言って良いでしょう。
その切れ味は鋭すぎて圧倒されるほどに当たります。
日本ではそこまでメジャーな占いではないと思いますが、台湾や中国では占いといえば紫微斗数と相場が決まっています。

台湾に旅行に行って偶然にこの占いに出会った方も多いのではないでしょうか？

また、紫微斗数は十年単位の運勢、一年単位の運勢を知ることが出来ます。

これが非常に的中するので事前に対策がとれるのでそのあたりもこの占いの人気の秘密と言えるでしょう。

さらに命宮にどんな星が入っているかでどのように生きていくのがベストなのか相応しいのかが分かるので本当にお勧めです。


これらの優れた占いをどのように役立てるかというお話をいたします。

手相、西洋占星術、紫微斗数占星術の診断結果を一冊のノートにまとめていきます。

まとめる際に例えば、結婚運についてだったり、仕事運だったりを整理していくのです。

そうするとそれぞれの占いからヒントが得られていきます。


自分を知るというのは自分ではなかなか難しいのでこのように優れた占いで自分自身を客観的に見つめてみることが大切です。

当たる占いは本当に人生を切り開くツールになり得るのですから、本書を読まれているっしゃる皆さんには大いに活用してもらいたいと切に思います。

私は現在、名古屋と東京と福岡の３つの鑑定オフィスで鑑定を行っています。距離の問題でオフィスにいらっしゃれない方向けに通信鑑定も行っています。ＺＯＯＭや電話やスカイプを使って鑑定をします。

手相鑑定の場合、事前にメールで左右の手相を私に送ってもらい、その画像をもとに鑑定します。画像はスマホで撮影で問題ありません。

齊藤一人さんが言うように**「地球は行動の星」なのです。行動することで道が開かれていきます。**

そこが面倒と思うかもしれませんが、自分の願望を達成していくためには避けて通れないのであなたも行動していけると良いですよね。

そして、神社の神さまを意識することで、あなたの将来の見通しを明るくして、楽しい充実した人生をお一人お一人がしていただけると大変嬉しく思います。

最後に各地の一宮の神社を掲載しますのでお役立てください。

畿内

上賀茂神社かみがもじんじゃ）
山城国一宮　京都府京都市北区

賀茂御祖神社（下鴨神社）
かもみおやじんじゃ・しもがもじんじゃ
山城国一宮　京都府京都市左京区

大神神社（三輪明神）
おおみわじんじゃ・みわみょうじん
大和国一宮　奈良県桜井市

坐摩神社（いかすり（ざま）じんじゃ）
摂津国一宮　大阪府大阪市

枚岡神社（ひらおかじんじゃ）
河内国一宮
大阪府東大阪市

片埜神社（かたのじんじゃ）
河内国一宮
阪府枚方市

大鳥大社（おおとりたいしゃ）
和泉国一宮
大阪府堺市

住吉大社（すみよしたいしゃ）
摂津国一宮
大阪府大阪市

東海道

敢國神社（あえくにじんじゃ）
伊賀国一宮
三重県伊賀市

椿大神社（つばきおおかみやしろ）
伊勢国一宮
三重県鈴鹿市

都波岐奈加等神社（つばきなかとじんじゃ）
伊勢国一宮
三重県鈴鹿市

伊射波神社（いざわじんじゃ）
志摩国一宮
三重県鳥羽市

伊雑宮（いぞうぐう）
志摩国一宮
三重県志摩市

真清田神社（ますみだじんじゃ）
尾張国一宮
愛知県一宮市

大神神社（おおみわじんじゃ）
尾張国一宮
愛知県一宮市

砥鹿神社（とがじんじゃ）
三河国一宮
愛知県豊川市

小國神社（おくにじんじゃ）
遠江国一宮
静岡県周智郡

事任八幡宮（ことのままはちまんぐう）
遠江国一宮
静岡県掛川市

富士山本宮浅間大社（ふじさんほんぐうせんげんたいしゃ）
駿河国一宮
静岡県富士宮市

浅間神社（あさまじんじゃ）
甲斐国一宮
山梨県笛吹市

三嶋大社（みしまたいしゃ）
伊豆国一宮
静岡県三島市

鶴岡八幡宮（つるがおかはちまんぐう）
相模国一宮
神奈川県鎌倉市

寒川神社（さむかわじんじゃ）
相模国一宮
神奈川県高座郡

氷川女体神社（ひかわにょたいじんじゃ）
武蔵国一宮
埼玉県さいたま市

小野神社（おのじんじゃ）
武蔵国一宮
東京都多摩市

氷川神社（ひかわじんじゃ）
武蔵国一宮
埼玉県さいたま市

鹿島神宮（かしまじんぐう）
常陸国一宮
茨城県鹿嶋市

安房神社（あわじんじゃ）
安房国一宮
千葉県館山市

洲崎神社（すさきじんじゃ）
安房国一宮
千葉県館山市

玉前神社（たまさきじんじゃ）
上総国一宮
千葉県長生郡

香取神宮（かとりじんぐう）
下総国一宮
千葉県香取市

東山道

建部大社（たけべたいしゃ）
近江国一宮
滋賀県大津市

南宮大社（なんぐうたいしゃ）
美濃国一宮
岐阜県不破郡

水無神社（みなしじんじゃ）
飛騨国一宮
岐阜県高山市

諏訪大社（すわたいしゃ）
信濃国一宮
長野県諏訪市

貫前神社（ぬきさきじんじゃ）
上野国一宮
群馬県富岡市

宇都宮二荒山神社(ふたらやま)じんじゃ
下野国一宮
栃木県宇都宮市

日光二荒山神社（にっこうふたらさんじんじゃ）
下野国一宮
栃木県日光市

志波彦神社・鹽竈神社
（しわひこじんじゃ・しおがまじんじゃ）
陸奥国一宮
宮城県塩竈市

石都々古和気神社（いわつつこわけじんじゃ）
陸奥国一宮
福島県石川郡

馬場都都古和氣神社（ばばつつこわけじんじゃ）
陸奥国一宮
福島県東白川郡

八槻都都古別神社（やつきつつこわけじんじゃ）
陸奥国一宮
福島県東白川郡

鳥海山大物忌神社
（ちょうかいさんおおものいみじんじゃ）
出羽国一宮
山形県飽海郡

北陸道

若狭彦神社・若狭姫神社
（わかさひこじんじゃ・わかさひめじんじゃ）
若狭国一宮
福井県小浜市

氣比神宮（けひじんぐう）
越前国一宮
福井県敦賀市

白山比咩神社（しらやまひめじんじゃ）
加賀国一宮
石川県白山市

気多大社（けたたいしゃ）
能登国一宮
石川県羽咋市

雄山神社（おやまじんじゃ）
越中国一宮
富山県中新川郡

高瀬神社（たかせじんじゃ）
越中国一宮
富山県南砺市

射水神社（いみずじんじゃ）
越中国一宮
富山県高岡市

気多神社（けたじんじゃ）
越中国一宮
富山県高岡市

天津神社（あまつじんじゃ）
越後国一宮
新潟県糸魚川市

居多神社（こたじんじゃ）
越後国一宮
新潟県上越市

弥彦神社(彌彦神社)いやひこじんじゃ
越後国一宮
新潟県西蒲原郡

度津神社（わたつじんじゃ）
佐渡国一宮
新潟県佐渡市

山陰道

籠神社（このじんじゃ）
丹後国一宮
京都府宮津市

出雲大神宮（いずもだいじんぐう）
丹波国一宮
京都府亀岡市

粟鹿神社（あわがじんじゃ）
但馬国一宮
兵庫県朝来市

出石神社（いずしじんじゃ）
但馬国一宮
兵庫県豊岡市

宇倍神社（うべじんじゃ）
因幡国一宮
鳥取県鳥取市

倭文神社（しとりじんじゃ・しずりじんじゃ）
伯耆国一宮
鳥取県東伯郡

熊野大社（くまのたいしゃ）
出雲国一宮
島根県松江市

出雲大社（いずもおおやしろ、いずもたいしゃ）
出雲国一宮
島根県出雲市

物部神社（もののべじんじゃ）
石見国一宮
島根県大田市

由良比女神社（ゆらひめじんじゃ）
隠岐国一宮
島根県隠岐郡

水若酢神社（みずわかすじんじゃ）
隠岐国一宮
島根県隠岐郡

山陽道

伊和神社（いわじんじゃ）
播磨国一宮
兵庫県宍粟市

中山神社（なかやまじんじゃ）
美作国一宮
岡山県津山市

吉備津彦神社（きびつひこじんじゃ）
備前国一宮
岡山県岡山市
石上布都魂神社（いそのかみふつみたまじんじゃ）
備前国一宮
岡山県赤磐市

安仁神社（あにじんじゃ）
備前国一宮
岡山県岡山市

吉備津神社（きびつじんじゃ）
備中国一宮
岡山県岡山市

吉備津神社（きびつじんじゃ）
備後国一宮
広島県福山市

素盞嗚神社（すさのおじんじゃ）
備後国一宮
広島県福山市

厳島神社（いつくしまじんじゃ）
安芸国一宮
広島県廿日市市

玉祖神社（たまのおやじんじゃ）
周防国一宮
山口県防府市

住吉神社（すみよしじんじゃ）
長門国一宮
山口県下関市

南海道

伊太祁曽神社（いたきそじんじゃ）
紀伊国一宮
和歌山県和歌山市
丹生都比売神社（にふつひめじんじゃ）
紀伊国一宮
和歌山県伊都郡
日前神宮・國懸神宮（ひのくまじんぐう）
國懸神宮（くにかかすじんぐう）
紀伊国一宮　日前宮・名草宮
和歌山県和歌山市

伊弉諾神宮（いざなぎじんぐう）
淡路国一宮
兵庫県淡路市
一宮神社（いちのみやじんじゃ）
阿波国一宮
徳島県徳島市
大麻比古神社（おおあさひこじんじゃ）
阿波国一宮
徳島県鳴門市
上一宮大粟神社（かみいちのみやおおあわじんじゃ）
阿波国一宮
徳島県名西郡神山町

天石門別八倉比売神社（あめのいわとわけやくらひめじんじゃ）
阿波国一宮
徳島県徳島市

田村神社（たむらじんじゃ）
讃岐国一宮
香川県高松市

大山祇神社（おおやまづみじんじゃ）
伊予国一宮
愛媛県今治市

土佐神社（とさじんじゃ）
土佐国一宮
高知県高知市

西海道

住吉神社（すみよしじんじゃ）
筑前国一宮
福岡県福岡市

筥崎宮（はこざきぐう）
筑前国一宮
福岡県福岡市

高良大社（こうらたいしゃ）
筑後国一宮
福岡県久留米市

宇佐神宮（うさじんぐう）
豊前国一宮
大分県宇佐市

柞原八幡宮（ゆすはらはちまんぐう）
豊後国一宮
大分県大分市

西寒多神社（ささむたじんじゃ）
豊後国一宮
大分県大分市

與止日女神社（よどひめじんじゃ）
肥前国一宮
佐賀県佐賀市

千栗八幡宮（ちりくはちまんぐう）
肥前国一宮
佐賀県三養基郡

阿蘇神社（あそじんじゃ）
肥後国一宮
熊本県阿蘇市

都農神社（つのじんじゃ）
日向国一宮
宮崎県児湯郡

鹿児島神宮（かごしまじんぐう）
大隅国一宮
鹿児島県霧島市

枚聞神社（ひらききじんじゃ）
薩摩国一宮
鹿児島県指宿市

新田神社（にったじんじゃ）
薩摩国一宮
鹿児島県薩摩川内市

益救神社（やくじんじゃ）
多禰国一宮
鹿児島県熊毛郡

天手長男神社（あめのたながおじんじゃ）
壱岐国一宮
長崎県壱岐市

興神社（こうじんじゃ）
壱岐国一宮
長崎県壱岐市

海神神社（かいじんじんじゃ）
対馬国一宮
長崎県対馬市

厳原八幡宮神社（いづはらはちまんぐうじんじゃ）
対馬国一宮
長崎県対馬市

その他

北海道神宮（ほっかいどうじんぐう）
蝦夷国新一宮
北海道札幌市

岩木山神社（いわきやまじんじゃ）
津軽国新一宮
青森県弘前市

駒形神社（こまがたじんじゃ）
陸中国新一宮
岩手県奥州市

伊佐須美神社（いさすみじんじゃ）
岩代国新一宮
福島県大沼郡

秩父神社（ちちぶじんじゃ）
知知夫国新一宮
埼玉県秩父市

波上宮（なみのうえぐう）
琉球国新一宮
沖縄県那覇市

徳山大神宮（とくやまだいじんぐう）
渡島国一宮
北海道松前郡

姥神大神宮（うばがみだいじんぐう）
渡島国一宮
北海道檜山郡

岩見沢神社（いわみざわじんじゃ）
石狩国一宮
北海道岩見沢市

網走神社（あばしりじんじゃ）
北見国一宮
北海道網走市

おわりに

本書を最後までお読みいただきありがとうございました。

本書は私の12冊目の本で上下巻2冊同時に出版する試みは初めてのことでした。

また、本書は私のクライアントの多くの皆様の神社参拝のご感想をもとに完成いたしました。ここで御礼を申し上げます。貴重な情報を送ってくださり感謝しております。

本書を制作する上で特に西尾久也さん、加藤瑛二さん、本樫明子さんに多大な貢献を頂きました。誠にありがとうございました。


この本を読んでくれたあなたと何かの機会にお会いできると本当に嬉しく思います。

最後に、読者の皆さまが本書に掲載された神社への参拝により、神社の神さまと会えて、守ってもらい、ますます幸せになれますように願って本書の終わりとします。


令和二年十一月の満月の日に記す　丸井章夫

■参考文献　『神社のいろは』神社本庁監修（扶桑社）、『1日1話、読めば心が熱くなる365人の仕事の教科書』（致知出版社）、『成功している人はどこの神社に行くのか？』（サンマーク出版）、『幸運を引き寄せたいならノートの神さまにお願いしなさい』（すばる舎リンケージ）、『運命のパートナーを引き寄せたいならノートの神さまにお願いしなさい』（すばる舎）、『金運を引き寄せたいならノートの神さまにお願いしないさい』（サンライズパブリッシング）

【著者紹介】

丸井章夫 （まるい・あきお）

運命カウンセラー。作家。ノート研究家。手相家。

1972年、秋田県生まれ。明治大学政治経済学部卒。

名古屋市在住の運命カウンセラーで多くの著作を持つ。また驚くほど開運時期、結婚時期が当たると評判の手相家でもあり名古屋、東京、福岡に鑑定オフィスを持ち活動している。

幼少より人間の心理と精神世界に興味を持ち、小学生のころには心理学や哲学の本を読みあさるようになる。その後、手相の知識を身につけて19 歳でプロとしての仕事を始める。以来、25 年以上にわたり、のべ4万人以上の鑑定数を誇る。北海道から沖縄まで申し込みをする人は絶えず、カウンセラーとしては超異例の「1 日15人以上」という数字を記録することもしばしば。

「毎年100人以上のクライアントが1年以内に結婚している」「これまでにアメリカ、カナダをはじめ、世界11ヶ国からも鑑定依頼が来ている」など、脅威の実績と人気を誇っている。

また、現在、開運ノート術セミナーを各地で開催し、のべ500人以上に幸運を引き寄せるノートの指導を行っている。

著書には『超絶に願いが叶ったすごい神社』（マーキュリー出版）、『金運を引き寄せたいならノートの神さまにお願いしなさい』（サンライズパブリッシング）、『運命のパートナーを引き寄せたいならノートの神さまにお願いしなさい』（すばる舎）、『幸運を引き寄せたいならノートの神さまにお願いしなさい』（すばる舎リンケージ）、『引き寄せノートのつくり方』（宝島社）『手相で見抜く!成功する人 そうでもない人』（法研）、『100日で必ず強運がつかめるマップ　アストロ風水開運法で恋愛・お金・健康…をGET!! 』（心交社）、『恋愛・結婚運がひと目でわかる 手相の本』（PHP研究所）、『成功と幸せを呼び込む手相力』（実業之日本社）、『あきらめ上手になると悩みは消える』（サンマーク出版）などがある。

共著には『願いが叶う！ 人生が変わる！「引き寄せの法則」』（宝島社）、『お金と幸運がどんどん舞い込む！ 神様に願いを叶えてもらう方法』（宝島社）、『書けば願いが叶う4つの「引き寄せノート術」』（宝島社）などがある。

東京鑑定オフィス 東京都品川区東中延2-6-16 カレーの文化２階
名古屋鑑定オフィス 名古屋市中区千代田3-22-17 一光ハイツ記念橋１階店舗
https://heartland-palmistry.com/
連絡先メールアドレス info@solabs.net

神社の神さまに出会うと幸せになる・下（縁結びの巻）

2020年 12月10日　第１刷発行

著 者　丸井章夫

発 行　マーキュリー出版
〒460-0012　名古屋市中区千代田3-22-17　一光ハイツ記念橋105号室
TEL　052-715-8520　FAX　052-308-3250
https://mercurybooks.jp/

印 刷　モリモト印刷

落丁・乱丁本はお取り替えいたします

ISDN978-4-9910864-4-1